Otto Lütje

Landeskunde des Karolinen-Archipels

Otto Lütje

Landeskunde des Karolinen-Archipels

ISBN/EAN: 9783845725482
Erscheinungsjahr: 2012
Erscheinungsort: Bremen, Deutschland

www.unikum-verlag.de | office@unikum-verlag.de

Bei diesem Titel handelt es sich um den Nachdruck eines historischen, lange vergriffenen Buches. Da elektronische Druckvorlagen für diese Titel nicht existieren, musste auf alte Vorlagen zurückgegriffen werden. Hieraus zwangsläufig resultierende Qualitätsverluste bitten wir zu entschuldigen.

Otto Lütje

Landeskunde des Karolinen-Archipels

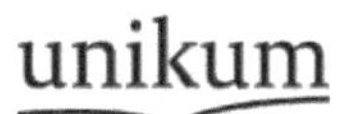

Beitrag zu einer Landeskunde des Karolinen-Archipels.

Otto Lütje

Leipzig-Reudnitz.
Druck von August Hoffmann.
1906.

Inhaltsübersicht.

Einleitung.

Die Fähigkeit der Deutschen, sich fremden Klimaten und Völkern anzupassen und durch redlichen Fleiß und Sparsamkeit eine geachtete Stellung zu erwerben, ist wohlbekannt und wird auch von vorurteilsfreien Ausländern allgemein zugestanden. Bis zum Jahre 1884 haben fremde Nationen, unter denen unsere Landsleute sich niederließen, den größten Vorteil von ihrer Arbeitskraft genossen. Das Deutschtum ging ihnen selbst wohl nur ausnahmsweise, ihren Nachkommen hingegen in der Regel nur zu bald unter der fremdsprachlichen Umgebung verloren. Ihre Auswanderung bedeutete einen Verlust an Arbeits- und Kapitalkraft für das deutsche Vaterland.

Von solchen Betrachtungen ausgehend und in dem Bestreben, dem materiellen und intellektuellen Kraftverlust durch die Auswanderung entgegenzuarbeiten, entstanden die Kolonialvereine. Konnte man auch die Auswanderung selbst nicht verhindern, so wollte man sie doch so weit wie möglich nach Gebieten lenken, wo es den Auswanderern möglich würde, den Zusammenhang mit der Heimat durch Erhaltung der deutschen Sprache und Sitte und durch geschäftlichen Verkehr beizubehalten und dadurch auch Deutschlands materielle Interessen weiter zu fördern. Später kam man jedoch von diesen idealen Bestrebungen mehr ab und stellte die Handelsinteressen in den Vordergrund. Es dauerte lange, bevor diese koloniale Bewegung in den Kreisen der Regierung und der Volksvertretung die nötige Beachtung und Unterstützung fand. Das Jahr 1884 bezeichnet den Wendepunkt. Durch die Erklärung des deutschen Schutzes der kaufmännischen Unternehmungen in Togoland, Kamerun, Südwest- und Ostafrika, ferner im Jahre 1885 über den Bismarck-Archipel und einen Teil von

Neu-Guinea, sowie über die Marschallinseln, trat das Deutsche Reich aus seiner bisherigen Zurückhaltung heraus und unter die konkurrierenden Kolonialmächte.

Ein weiterer Schritt auf dieser Bahn war die käufliche Erwerbung der Karolinen, Palaos und Marianen von der spanischen Regierung. Damit traten diese fernen mikronesischen Inselgruppen unserm Interesse näher. Fragen nach ihrer Größe, Natur und Bevölkerung, Produktionsfähigkeit und bisherigen Geschichte treten vielfach an den gebildeten Deutschen heran und es ist mein Streben gewesen, solche für die größte dieser Inselgruppen durch die vorliegende Abhandlung zum Teil zu beantworten.

Erforschungsgeschichte.

Wie so viele der wichtigsten Fortschritte in der geographischen Kenntnis unserer Erde, verdanken wir auch die frühsten Nachrichten über die Inselwelt der Karolinen der portugiesischen und spanischen Nation. Schon im Jahre 1526 soll der Portugiese Diego da Rocha auf eine der westlichsten Inseln gestoßen sein, doch ist es unmöglich anzugeben auf welche.[1]) Zu weiteren Entdeckungen führte der regelmässige Schiffahrtsverkehr, den die Spanier bald nach Vollendung der Erdumsegelung des Magalhães, die neben der Entdeckung der Philippinen auch zu der der Marianen geführt hatte, zwischen ihren amerikanischen und asiatischen Besitzungen unterhielten. Acapulco war der Ausgangshafen, von dem die Schiffe, vom Nordostpassat begünstigt, über Guam, die Hauptinsel der Marianen, nach den Philippinen segelten. Da der Rückweg infolge des entgegenstehenden Windes unausführbar blieb, versuchte man ihn weiter südlich zu finden. Hierbei entdeckte im September des Jahres 1529 Alvaro de Saavedra die östlichen Karolinen. Auf demselben Wege

---

[1]) Über Namen und geographische Lage der von Diego da Rocha aufgefundenen Insel lassen sich nur Vermutungen aufstellen.

Coello, der Autor der Originalkarte in dem Atlas de España y sus possessiones de ultramar, sagt darüber: „Diego da Rocha descubrió en 1526 las islas Matelotas, que son las islas mas occidentales de las Carolinas,“ und gibt ihre Lage westlich der Palaos an.

begriffen, aber erst 12 Jahre später, stieß Ruy Lopez de Villalobos[1]) auf die Zentralkarolinen. Im Laufe des 16. Jahrhunderts statteten eine Reihe anderer spanischer Schiffe den Karolinischen Gewässern Besuche ab, wie die des Torres, Legaspi Quiros. Alle diese Entdeckungsreisen beschränkten sich jedoch auf eine mehr oder minder flüchtige Befahrung der Gestade, meist in angemessener Entfernung, da man in dem unbekannten Fahrwasser die Gefahren der Untiefe fürchtete. Gewicht wurde auf diese Funde nicht gelegt und manche Gruppen sind infolgedessen mehrmals wieder vergessen worden.

Gegen Ende des 17. Jahrhunderts fand D. Francisco Lazeano ein kleines Eiland, das er König Karl II. zu Ehren „Carolina" nannte. Dieser Name ging bald auf das ganze Inselreich über und ist bis heute im Munde der Welt und der Wissenschaft beibehalten worden.

Die Kunde von einem großen zusammenhängenden Inselreiche im Süden der Marianen erhielten die Spanier erst zu Beginn des 18. Jahrhunderts durch an die Küste Guams verschlagene Karolinier. Mehrere Versuche seitens spanischer Missionare jedoch auf Grund der erlangten Mitteilungen die fremde Inselwelt

---

Auch Petermann schliesst sich in seinen Mitteilungen Jahrgang 1869, Heft XI, den Positionsangaben der spanischen Karte an.

Die englische Admiralitätskarte vom Jahre 1872 hingegen identifiziert sie mit einem Eiland „Ngoli", ostwärts der Palaosgruppe und südlich der Insel Yap gelegen.

Die neueste Spezialkarte der Karolinen von Langhans schliesst sich den Angaben der englischen Admiralitätskarte an.

[1]) Nach den Cartas de Indias war Ruy Lopez de Villalobos ein Verwandter des berühmten Vizekönigs von Nueva España (Mexico) D. Antonio de Mendoza. Es heisst von ihm, er habe viele Kenntnisse in den Höhenbestimmungen und der Navigationskunst besessen. Mendoza ernannte ihn zum Führer der Flotille, welche Kalifornien, China und die Islas de la Especeria (Gewürzinseln) besuchen sollte, nachdem ihr Admiral Alvarada kurz vor der Abreise auf dem Lande bei einem Ritte verunglückt war. Das kleine Geschwader verliess den Hafen Navidao (Acapulco) am I. XI. 1542. Nach vielerlei Ungemach starb Villalobos im Jahre 1546 auf Amboina, wo Francisco Javier (Franciscus Xaverus), der spätere Heilige, sein Beichtvater war.

aufzufinden und sie für die spanische Krone in Besitz zu nehmen, endeten erfolglos. Erst um das Jahr 1721 wandte man sich mit erneutem Eifer diesem Vorhaben wieder zu. Ausgiebige Berichte einiger Karolinier, die um diese Zeit an die Küste Guams verschlagen wurden, ermöglichten es, ein ungefähres Bild von der Lage und Ausdehnung des Inselreiches zu gewinnen.[1]) Die dann unter Leitung des Jesuitenpaters Cantova ausgeführten Entdeckungsfahrten waren von nur geringem Erfolge gekrönt.

Wenn auch durch die von Cantova entworfene Karte die ungefähre Ausdehnung des Inselreiches und eine doch nur verwirrte Nomenklatur bekannt war, so blieb es doch intensiverer wissenschaftlicher Forschung vorbehalten, in das Chaos von Unklarheiten Ordnung zu bringen. Diese setzte ein mit dem Jahre 1823, mit der Reise des Franzosen Duperrey, der als erster den Inselhaufen von Osten nach Westen durchfuhr. Duperrey's Forschungen wurden wesentlich ergänzt durch die hervorragenden Arbeiten des russischen Seefahrers Lütke (1827 und 1828), die Meinecke als „die glänzendsten von allen, die im großen Ozean vorgenommen worden sind“ bezeichnet. Seiner systematischen Forschungsmethode haben wir es zu danken, wenn wir heute eine annähernd wahrheitsgemäße Kenntnis des großen Inselreiches besitzen. Die Aufnahmen Dumont d'Urville's im Jahre 1838 und die des englischen Kriegsschiffes „Larne“ [2]) und des französischen Schiffes „La Danaïde“ (1840) brachten einige Erweiterungen.

In der jüngsten Zeit sind als Vertreter der wissenschaftlichen Forschung auf den Karolinen vornehmlich Kubary, dessen Arbeiten, die sich auf Spezialforschungen beschränken, in den Veröffentlichungen des Museums Godeffroy erschienen sind, Hernsheim, weiter Finsch, der neben dem Sammeln des Materials auch die kritische Seite zu ihrem Rechte kommen läßt, endlich der Engländer Christian zu nennen.

---

1) Cantova benutzte die Mitteilungen der Karolinier zur Anfertigung der ersten ausführlicheren Karte der Karolinen.

2) Auf den Aufnahmen des englischen Kriegsschiffes „Larne“ beruhen die englischen Admiralitätskarten über dieses Gebiet. Ergänzt wurden sie durch spanische Aufnahmen auf Ponapé und Yap im Jahre 1885.

Wenn auch in letzter Zeit gerade die Karolinen als Feld eifriger Forschertätigkeit gedient haben, harrt doch noch manches Rätsel einer befriedigenden Lösung.

Chorographische Ansicht.

Die älteste Nomenklatur des Karolinenarchipels hat den Jesuitenpater Clain zum Verfasser. Wie schon in der Entdeckungsgeschichte dargetan wurde, waren es karolinische Eingeborene, welche an die Küste Guams verschlagen, das Material zu dieser ersten höchst unzuverlässigen und lückenhaften Karte lieferten. Sie enthält die Namen von 32 bewohnten und 3 unbewohnten Inseln. Erhalten ist sie in einem Briefe des Paters an den General seines Ordens vom 10. Juni 1697.

Schon vollständiger, wenn auch ohne bedeutenden Wert, ist die Nomenklatur des Paters Cantova, der gleichfalls die Aussagen verschlagener Karolinier zu Grunde liegen. Sie ist uns bekannt aus einem Briefe vom 22. März 1722. Cantova's Kenntnis des Inselreichs beschränkt sich auf die westlichen und mittleren Eilande bis zu den Hogoleu-Inseln. Er kennt fünf voneinander unabhängige Provinzen, von denen eine jede ihre eigene Sprache hat.

Außer diesen Nomenklaturen sind noch eine Reihe anderer, wie z. B. die des D. Luis de Torres, bekannt, die jedoch nur geringe Abweichungen von der des Cantova aufweisen. Ein aber wenig bedeutsamer Unterschied ist die ziemlich auffallende Namensverschiedenheit ein und derselben Insel. Diese Erscheinung aber verliert an Auffälligkeit, wenn man bedenkt, daß die Spanier, unkundig der Sprache der Karolinier, deren Mitteilungen nur unvollkommen verwerten konnten.

Beide Nomenklaturen aber geben ein deutliches Bild der überaus geringen geographischen Kenntnis, die man noch zu Beginn des vorigen Jahrhunderts von dem Karolinenarchipel hatte.

Erst die denkwürdige Reise des russischen Seefahrers Lütke schaffte Wandel. Es ist des Russen Verdienst die erste umfassende Karte der Inselwelt der Karolinen auf Grund eingehender systematischer Forschung geliefert zu haben.

Die in den späteren Jahren angestellten Speziaforschungen[1]) über einige Inseln lieferten neben Neuem manch wertvolle Berichtigung, zugleich aber auch das Material zu einer Reihe von Spezialkarten.[2])

Das bis heute vorliegende Gesamtmaterial ist von Paul Langhans mit Benutzung von bisher noch unveröffentlichten Quellen zu der neusten Karte der Karolinen, Palaos und Marianen verwertet und damit ein Meisterwerk der Kartographie geschaffen worden.

Chorographische Ansicht.[3])

Name	Andere Namen	Entdecker	Flächeninhalt in qkm.	Desgl einschliessl. der Riffe
Kusaie	Strong; Hope; Experiment; Teyoa; Armstrong	Crozer 1804	110	145
Pingelap	Mac Askill; Musgrave; Tuck' reef; Sailcocks	Mulgrave 1793	1	7
Mukil	Duperrey; Wellington	Duperrey 1824	1	7
Ngatik	Passion; Seven Isl.; Raven	Thompson 1773	1	65
Ponape	Ascension; Quirosa; Torres; William IV.; Harper		347	680

[1]) Die von Duperrey in den Jahren 1823 und 1824 angefertigten Aufnahmen von Kusaie wurden im Jahre 1838 von Dumont d'Urville genauer untersucht. — In den Jahren 1839 und 1840 wurde Ponape von englischen und französischen Kriegsschiffen kartiert. — Besonders wichtige Beiträge lieferten die Kapitäne der Godeffroy Gesellschaft, vor allem aber Kubary über Yap und die Zentralkarolinen. Die Spezialforschungen von Finsch umfassen Kusaie, Ponape und die Zentralkarolinen, während Christian im wesentlichen Eingehenderes über Ponape berichtet.

[2]) Die Arbeiten Kubary's sind von L. Friedrichsen zu Spezialkarten von Yap, Mortlock und Ruk verwandt.

[3]) Vorstehender chorographischen Ansicht liegt die Karte von Langhans zu Grunde.

Name	Andere Namen	Entdecker	Flächeninhalt in qkm.	Desgl. einschliessl. der Riffe
Pakin oder Pagenema		Lütke 1828	2	10
Kapingamarangi	Pikiram; Greenwich		2	?
Nukuor	Monteverde; Pala	Monteverde 1806	7	40
Mortlock	Young William	Mortlock 1793	13	133
1. Satoan			7	43
2. Lukunor			4,5	85
3. Etal			1,5	11
Namoluk	Harvest; Skiddy; Hashmy	Lütke 1828	1,5	15
Lósop	Royalist; Westerfield	Lütke 1828	2	?
Néma	Urville; St. Rafael		2	?
Ruk-Atoll	Olla; Truk	Duperrey 1824	132	2820
Hall-Gruppe	Cook; Worth	Hall 1824	16,8	590
1. Morileu			7,8	300
2. Namolipiafane			9	290
Ost-faiu	Lütke	Lütke 1828	0,5	2,5
Namonuito	Las Hermanos; Bunkey; Livingstone; Lütke; Remp	Ibargoïtia 1801	4,7	1320
Märtyrer-Inseln		Ibargoïtia 1801	2	5,5
Enderby-Inseln	Mama; Osnak; Kata	Ibargoitia 1801	2	50
Suk od. Polusuk	S. Bartholomeo; Ibargoïtia	Ibargoïtia 1799	4	?
Satawal	Tucker	Wilson 1797	2	3
Lamotrek	Swede	Wilson 1797	6	?
Elato	Haweis	Wilson 1797	3	?
Olimarao	Fife Isl.	Lütke 1828	0,1	7
Faraulep	Gardner	Lütke 1828	0,5	4
Ifalik	Wilson; Two Sisters	Wilson 1702	2,5	3,4
Ulea	Thirteen Isl.	Wilson 1791	7	35
Feis	Tromelin; Artrolabe	Flotte de Nassau 1624	3,5	4
Uluti Atolle	Mackenzie; Los Reyes; Egoy; Garbanzos	Hunter 1791	16	730
Sarol	Philipp Island	Hunter 1791	2	13
Yap		Flotte de Nassau 1543	207	430

Politische Geschichte.

Politisch waren die Karolinen bis Mitte des 18. Jahrhunderts herrenloses Gebiet. Trotzdem Spanien nie etwas einer Verwaltung ähnliches auf den Inseln geübt hatte, glaubte es sich doch in unbestrittenem Besitze dieses Gebietes und zwar auf Grund von Besitztiteln, die der bekannte spanische Geograph und Kartograph Coello in einer Denkschrift der Madrider Geographischen Gesellschaft zusammengestellt hat.

Er sagt, wenn die Spanier sich auch nicht im faktischen Besitze der Karolinen befänden, so glaubten sie doch, einmal wegen der Entdeckung derselben durch spanische Seefahrer, dann wegen der in unmittelbarer Nähe liegenden wirklichen Kolonieen — Marianen und Philippinen — und der von letzteren häufig ausgegangenen, wenn auch vergeblichen Missionsversuchen, Rechtsansprüche auf die Karolinen erheben zu können.

Da geschah es, daß im Jahre 1875 Deutschland und England in einer gemeinschaftlichen Note der spanischen Regierung die Nichtanerkennung der spanischen Oberhoheit über die Inselwelt begreiflich machten, indem daran erinnert wurde, daß von einem Vertrage über das koloniale Eigentum Spaniens in der Südsee, in dem der Karolinen Erwähnung getan würde, nichts bekannt sei.

Als nun auf der Berliner Kongokonferenz (1884) als neues völkerrechtliches Prinzip die „effektive" Besitznahme als einzige Rechtfertigung und alleiniger Ausweis für die Eigentümerschaft überseeischer Kolonieen anerkannt wurde, gerieten die Rechtsansprüche Spaniens auf die Karolinen auf schwankenden Boden. Allem Anschein nach hat Spanien niemals eine staatliche Autorität auf den Karolinen geübt, gedenken doch ihrer nicht einmal die spanischen Geographen als Kolonie ihres Heimatlandes.

Zum Bruche zwischen Deutschland und Spanien sollte es anscheinend kommen, als im August 1885 Deutschland im Interesse und auf Ansuchen der auf den Karolinen seßhaften, handeltreibenden Deutschen mit der Aufhissung der deutschen Flagge auf den zwei handelspolitisch wichtigsten Inseln Yap und Ponapé, die Schutzherrschaft über die Inselgruppe proklamierte, nachdem jedoch vorher die spanische Regierung durch eine Note von der beabsichtigten Besetzung in Kenntnis gesetzt war.

Auf die spanische Reklamation fertigte das Deutsche Amt am 23. August an den Vertreter Spaniens in Berlin folgende Erklärung aus:

„Als die Regierung seiner Majestät des Kaisers einwilligte, den wiederholten Ansuchen deutscher Untertanen, welche auf den Karolinen Handel treiben, Folge zu geben und die Schutzherrschaft über die Inselgruppe aufzurichten, hatte sie keineswegs die Absicht in ältere Rechte einzugreifen. Auf Grund der Urkunden, welche die deutsche Regierung gesammelt hat, glaubt sie, daß die Karolinen unbesetztes Gebiet sind, deshalb hat sie den genannten Entschluß gefaßt und versteht nicht, daß Spanien darin ein gegen seine Unabhängigkeit gerichtetes Vorgehen erblickt hat. Um ein Übriges zu tun, und sogar dem Scheine einer ähnlichen Absicht vorzubeugen, hat die deutsche Regierung die spanische Regierung von ihrer Absicht benachrichtigt, ehe sie die deutsche Flagge auf den Karolinen aufhißen ließ. Zugleich hatte sie angeboten, die Frage zu prüfen, und den deutschen Kriegsschiffen Befehl gegeben, jeden Zusammenstoß mit den spanischen Streitkräften zu vermeiden. Die Regierung ist noch immer durchaus geneigt, die Ansprüche welche Spanien geltend macht, zu prüfen und an diese Prüfung heranzugehen mit den freundschaftlichen Gesinnungen, welche sie den Beziehungen, die immer zwischen beiden Monarchieen bestanden haben, schuldig ist, Beziehungen, welche die deutsche Regierung lebhaft zu verstärken und enger zu knüpfen wünscht. Falls diese Prüfung nicht auf Grund gegenseitiger Verständigung zu einem zufriedenstellenden Ergebnis führen sollte, ist die deutsche Regierung geneigt, die Vermittlung einer mit beiden Ländern befreundeten Macht anzunehmen.“

Auf diesem Wege fand diese kriegerisch zugespitzte Streitfrage ihre endgültige Erledigung, indem auf Bismarcks Vorschlag hin Papst Leo XIII. das Schiedsrichteramt in dieser Angelegenheit zu übernehmen sich bereit erklärte. Am 22. Oktober 1885 entschied endgültig der päpstliche Schiedsspruch über die Eigentümerschaft der Karolinen, indem die Souveränität Spanien, mit Anführung des Entdeckerrechtes als Begründung, zugesprochen wurde.

Auf Grund dieses päpstlichen Schiedsspruches trafen Deutschland und Spanien am 17. Dezember 1885 eine Vereinbarung, deren wichtigste territoriale Bestimmungen folgende sind:

Art. I.

Die deutsche Regierung anerkennt die Priorität der spanischen Okkupation der Karolinen und Palaos Inseln, sowie die Souveränität S. Kath. Majestät auf denselben innerhalb den in Artikel II angegebenen Grenzen.

Art. II.

Die Grenzen sind gebildet durch den Äquator und den 11° N. Br. und den 133° und 164° O. L. von Greenwich.

Art. V.

Die deutsche Regierung hat das Recht auf einer der Karolinen oder Palaos-Inseln eine Schiffsstation oder ein Kohlendepot [1]) für die Kaiserliche Marine zu errichten. Die beiden Regierungen werden sich gemeinsam über die Lage und die Verhältnisse dieses Etablissements verständigen.

Auf friedlichem Wege sollte der damals entgangene Besitz Deutschlands Kolonialreiche eingereiht werden. Nachdem Spanien in dem letzten blutigen und verhängnisvollen Kriege mit Nordamerika seinen westindischen Besitz und die Philippinen [2]) eingebüßt hatte, bot es im Jahre 1899 die letzten Überreste des einst so gewaltigen Kolonialreiches, die Karolinen, Palaos und Marianen Deutschland zum Kaufe an. Letzteres zögerte keinen Augenblick zuzugreifen, ohne sich zunächst Sorgen darüber zu machen, ob sich das Kaufobjekt als ein Luxus — oder nützlicher Gebrauchsgegenstand erweisen würde.

So kam am 12. Februar 1899 der Deutsch-Spanische Vertrag zu stande, laut dessen Deutschland die Karolinen, Palaos und Marianen für die Summe von 25 Millionen Pesetas (= 16750000 Mk.)

---

[1]) Auf die Schiffs- und Kohlenstation verzichtete Deutschland im Jahre 1886.

[2]) Cuba: 118833 qkm mit 1512684 Einwohnern.
Puerto-Rico: 9315 qkm mit 754313 Einwohnern.
Philippinen: 296182 qkm mit 6985000 Einwohnern.
Zusammen: 423830 qkm mit rund 9252100 Einwohnern.

von der spanischen Krone käuflich erwirbt. Die Bestimmungen dieses Abkommens lauten wie folgt:

I.

Spanien wird an Deutschland die Karolineninseln mit den Palaos und Marianen, Guam [1]) ausgenommen, gegen eine auf 25 Millionen Pesetas festgesetzte Entschädigung abtreten.

II.

Deutschland wird dem spanischen Handel und den spanischen landwirtschaftlichen Unternehmungen dieselbe Behandlung und Erleichterung gewähren, welche es dem deutschen Handel dort gewähren wird und wird auf den genannten Inseln den spanischen religiösen Ordensgesellschaften gleiche Rechte und gleiche Freiheiten gewähren wie den deutschen religiösen Ordensgesellschaften.

III.

Spanien wird ein Kohlendepot für die Kriegs- und Handelsmarine in dem Karolinenarchipel errichten und auch in Kriegszeiten behalten können.

IV.

Dies Abkommen wird sobald als möglich den gesetzgebenden Körperschaften zur verfaßungsmäßigen Zustimmung unterbreitet und soll ratifiziert werden, sobald deren Zustimmung vorliegt.

Diese Neuerwerbung für den Kolonialbesitz Deutschlands in der Südsee ist von hoher politischer Tragweite. Sie bedeutet eine hervorragende Erweiterung der deutschen Machtsphäre, indem die deutsche Flagge in einem außereuropäischen Meere von ungeheurer Ausdehnung die allein herrschende ist.

Die koloniale Interessensphäre Deutschlands in der Südsee bedeutet augenblicklich ein Gebiet mit einer Ausdehnung von

---

[1]) Guam mit etwa 9000 Einwohnern, die grösste und wichtigste der Marianen, ist durch den spanisch-amerikanischen Friedensvertrag an die Vereinigten Staaten abgetreten und von diesen bereits besetzt worden; die Amerikaner gedenken hier eine Kohlenstation zu errichten, die für die Schiffsverbindung zwischen Hawai und den Philippinen von Bedeutung ist.

2

30 Breitegraden in der Richtung Nord-Süd und 42 Breitegraden von West nach Ost.[1]) Ihr Flächeninhalt beträgt nach Schätzung 253000 qkm mit einer Bevölkerung von 438520 Einwohnern. Davon entfallen auf Kaiser Wilhelmsland 161650 qkm mit 110000 Einwohnern und auf den Bismarck- und Salomon-Archipel 69355 qkm mit 277000 Einwohnern. Insgesamt 251000 qkm mit 388000 Einwohnern.

Lage und Bodengestaltung.

a) Die Inseln vulkanischen Ursprungs.

Der topographische Charakter der Inselgruppe kennzeichnet sich zur Genüge in dem Namen Mikronesien, welches die Eilandsgruppen im nordwestlichen Teile des stillen Oceans zwischen Neu-Guinea im Süden und dem japanischen Inselreiche im Norden umfaßt, unter denen der Archipel der Karolinen eine der hervorragendsten Stellen einnimmt.

Nach spanischer Einteilung gliedert sich derselbe in vier Gruppen, in die Palaosinseln oder Westkarolinen, die Zentralkarolinen oder neuen Philippinen, in die Ostkarolinen oder Marschallinseln, die sich wiederum in Ralik- und Ratakgruppe trennen, endlich in den Gilbert- oder Kingsmillarchipel.

Gewöhnlich aber versteht man unter Karolinen nur die zweite, die zentrale Abteilung der ganzen großen Inselwolke. Auf einer Länge von 2800 km West-Ost zieht sich die Inselgruppe über 25 Längengrade, während die Breite, unter der sie liegt von 1° 3′ bis 10° 6′ Nord reicht. Die Zahl der Eilande beläuft sich nach Christian auf 680 einschließlich der Riffe, von denen aber nur 34 der wirkliche Name Insel zukommt. Die Karolinen umfassen ein Areal von rund 950 qkm und gliedern sich in einen westlichen, zentralen und östlichen Teil.

Mit Ausnahme eines einzigen Vorkommens von Schiefergestein auf der Insel Yap, finden wir im ganzen Bereich der Karo-

[1]) 30 Breitengrade = 1800 Seemeilen
42 „ = 2500 „
4 Seemeilen = 1 geographischen Meile.

linen lediglich die beiden Formen der Korallen- und der vulkanischen Inselbildung. Weitaus die größte Zahl der Eilande besteht aus Korallenbauten; nur 4 Gruppen aus der großen Menge sind hohe, vulkanische Inseln, alle übrigen ganz flache Koralleneilande, die nur wenige Fuß über das Niveau des Meeres ragen. Bei den Inseln vulkanischen Ursprungs ist eine spätere vulkanische Tätigkeit nicht mehr wahrgenommen.

Betrachten wir zunächst die Hochinseln Kusaie, Ponape, Ruk und Yap, die vornehmsten Sitze des Lebens, etwas näher.

Kusaie.

Die östlichste Insel der Karolinen, Kusaie, unter 5° 19′ Nord und 163° 6′ Ost Gr. gelegen, hat eine Länge in der Richtung Nord-Süd von $7^3/_4$ Seemeilen (kaum 2 deutsche Meilen) und eine Breite von Ost nach West von $8^1/_2$ Seemeilen. Ihr Umfang beläuft sich auf ungefähr 7 deutsche Meilen.

Kusaie trägt vulkanisches Gepräge, wofür die anstehenden, aber nur in seltenen Fällen sich dem menschlichen Auge wegen der üppigen Vegetation darbietenden Basalt- und Trachytwände deutliches Zeugnis ablegen. Von einem breiten Barrièreriff umgürtet, finden sich in der mäßig breiten Lagune eine Reihe kleinerer Inselchen verstreut, von denen an der Ostseite das kleine Lele als Hauptsitz der Bevölkerung und Wohnplatz des obersten Häuptlings zu nennen ist. Hernsheim schreibt von diesem Ort:

„Dicht vor uns am hellblinkenden Strande liegt das kleine Dorf Lela. Nur die hohen Giebel der Pandanus Dächer überragen das saftige Grün des Bananenwaldes; darüber breiten die beweglichen Wipfel der Kokospalme ihren kühlenden Schirm und heben sich mit ihrer gelblichen Färbung scharf von dem Hintergrunde ab, den der bis oben bewaldete 2000 Fuß hohe Mount Crozer bildet. Den Vordergrund der lieblichen Landschaft beleben rot bemalte das ruhige Wasser durchschneidende Kanoes und die am Strande versammelten Einwohner mit ihren bunten Kattunjacken."

Kusaie trägt bergigen Charakter. Seine Bergesgipfel, die

ihre höchsten Höhen im Mt. Crozer (656,8 m) und im Mt. Buache[1]) (583,5 m) haben, treten uns als steile, stark zerklüftete und spitz-zulaufende Grate entgegen. Die Täler, die durch die von den Bergen herabströmenden Bäche in reichem Maße bewässert werden, zeigen auch wohl infolge des aus den Bergen angeschwemmten

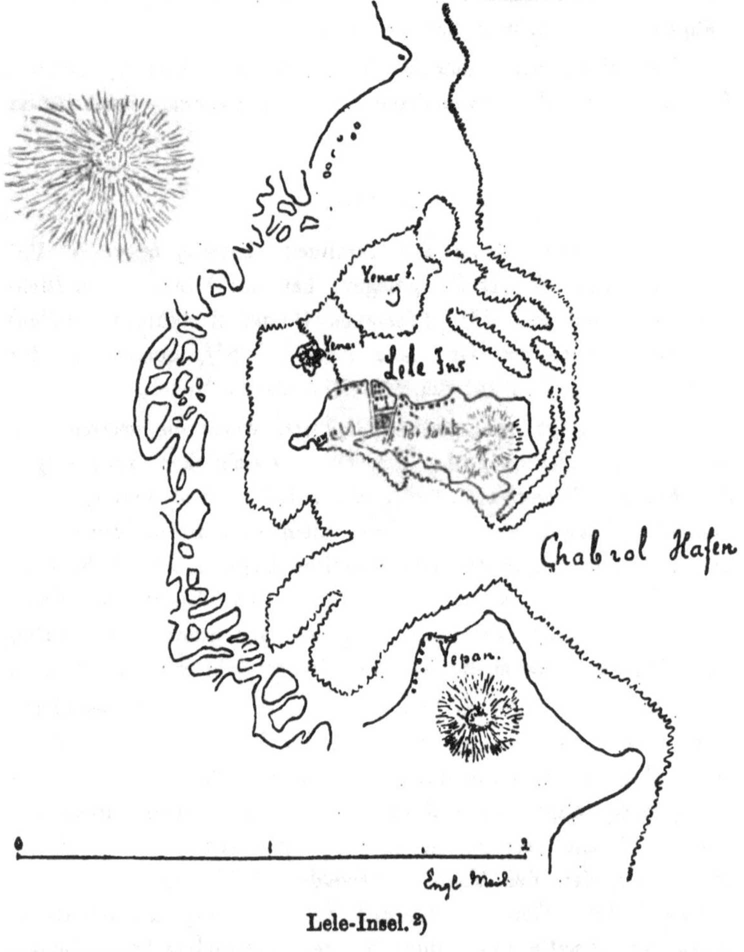

Lele-Insel.[2])

[1]) Duperrey nannte diese Bergesgipfel nach dem Entdecker der Insel, Kapt. Crozer und dem bekannnten französischen Geographen Buache.

[2]) Nach Christian: Exploration in The Caroline Islands.

Detritus, großartige Fruchtbarkeit, sind aber wie die ganze Insel mit meist undurchdringlichem Dickicht tropischer Vegetation bedeckt. Die Niederlassungen der Eingeborenen konzentrieren sich infolgedessen auf die Küstengebiete, sind aber trotzdem nur in ungemein spärlicher Anzahl vorhanden.[1])

Zugänge durch das die Insel umgehende Barrièreriff gibt es nur wenige, eigentlich nur zwei, von denen der Chabrol oder Lele Hafen an der Ostseite der Insel als der beste gilt und zur Zeit des Walfischfanges am häufigsten besucht wurde. Doch auch der Coquille Hafen an der Westseite der Insel, bietet bei landschaftlicher Schönheit guten Ankergrund.

Ponape.

Ponape, die bedeutendste und größte Insel des Karolinenarchipels, unter 6° 43′ und 7° 6′ N und 157° 54′ O gelegen, umfaßt bei einem Umfange von 13 deutschen geographischen Meilen einen Flächenraum von ungefähr 347 qkm. Durchaus gebirgig, dicht bewaldet und von einem Barrièreriff umgürtet, erscheint Ponape als der große Zwilling Kusaies. Gleichfalls vulkanisches Gepräge tragend, findet sich an verschiedenen Stellen, so auf der im nördlichen Teile der Lagune liegenden Chokach Insel und im Norden der Hauptinsel selbst, auffallend schöne Bildung von Säulenbasalt.[2]) Auf dem Inselchen Mutakalosch im Osten findet sich Zellenbasalt, auf Kapra eine aus den Korallen hervorspringende Süßwasserquelle.

---

[1]) So traf Finsch auf einer Partie von Lele nach Mataniel (Insel im Coquille Hafen) im ganzen nur sieben kleine Siedelungen, darunter die grösste aus nur 15 Häusern bestand.

[2]) Was Struktur und mikroskopische Zusammensetzung anlangt, zeigt der Basalt augenfällige Aehnlichkeit mit dem des Siebengebirges. Einer amorphen Grundmasse entbehrend, ist die ganze Substanz gleichmässig krystallinisch. Die den Basalt zusammensetzenden Mineralelemente sind:

a) Plagioklas, in Form von leistenförmigen Krystallen ohne fremde Einschlüsse.

b) Olivin, mit Einschluss von Magneteisenstein.

c) Augit, mit zonenförmigem Aufbau der Krystalle. Als Einschlüsse sind zu erwähnen: Glaseinschlüsse, Dampfporen, die

Das Innere der Insel bildet ein undurchdringlicher und infolge der abergläubischen Scheu der Eingeborenen vor dem Betreten desselben noch wenig bekannter Bergwald, von tiefeinschneidenden Tälern unterbrochen, in denen die bei den dort nicht selten auftretenden heftigen Regengüssen wasserreichen Bäche der Ebene zufließen.

0 5 10 Engl. Meilen.

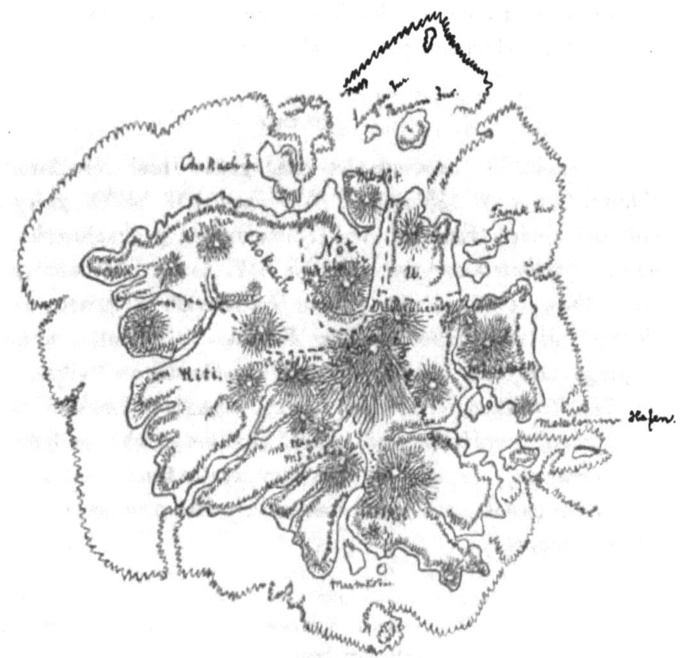

Insel Ponapé.[1]

Infolge der dichten Bewaldung zeigen die Gebirgsketten sanfte Formen in langen, flachen Kämmen, aus denen nur selten

---

den Krystall perlenförmig durchziehen — dies ist der Fall beim Basalt vom Ölberg — und Magneteisenstein.

d) Magneteisenstein, in wohlausgebildeten wegen seiner schwarzen Farbe undurchsichtigen Oktaedern.

[1]) Nach Christian: Exploration in The Caroline Islands.

ein höherer stumpfer Bergkegel hervorragt. Der höchste unter ihnen ist der Mt Tolokolm (Monte Santo von Lütke) mit einer Höhe von 893 m. Einen höchst interessanten Anblick gewährt der merkwürdige, zuckerhutförmige Berg Takani im Metalanim Hafen.

In der Lagune sind nicht weniger als 33 kleinere Inselchen, die teils korallinischen Ursprungs, teils aus Basalt aufgebaut sind, verstreut. Brauchbare Einfahrten zu der Schutz und guten Ankergrund bietenden Lagune gibt es eine ganze Reihe. Die wichtigsten sind folgende fünf:

1. Im Norden der Insel an der Mündung des Pillapenchakola Flußes, die Ascensions Bai, überragt von den ungefähr 600 m emporsteigenden Bergkuppen des Kupuricha und Telemir.

2. An der Ostküste der Hafen von Aru oder Oa.

3. Weiter südlich, am Fuße des Takai-U Berges, der Hafen von Metalanim.

4. An der Südküste, an der Mündung des Kiti Flusses, der Hafen von Mutok, der seinen Namen nach den dem Aestuarium vorgelagerten Basaltinseln trägt. Im Hintergrunde des Hafens ragen die Kuppen des Roi, des Lukoila und des Wana-Berges empor.

5. An der Südwestküste, im Mündungsgebiete des Roankitiflusses, ein Hafen gleichen Namens, in dessen Hintergrunde die höchste Erhebung der Insel, der M[t.] Tolokolm, seine Basaltkuppe bis zu einer Höhe von 893 m emporstreckt.

Ein Sumpfgürtel, der von der Mangrovevegetation dicht bedeckt ist, umschließt die Insel, so daß die Einfahrt nur an den Mündungen der Flüsse und auch dort nur in Fahrstraßen, die knapp für ein einzelnes Kanoe Platz gewähren, bewerkstelligt werden kann.

Ruk oder Hogoleu Gruppe.

Die Ruk oder Hogoleu Gruppe ist die größte Lagune des Karolinenarchipels mit einer Länge von 75 km und einer Breite von 60 km. Sie ist besonders interessant, weil innerhalb derselben neben Eilanden korallinischen Ursprungs, 17 aus Basalt aufgebaute, aber nur geringe Dimensionen aufweisende Inselchen liegen, deren steil aufsteigende, kegelförmige Kuppen bis zu einer Höhe von 300 m emporragen. Auf dem nur schmalen Riffgürtel, der gute Passagen frei läßt, liegen gegen 50 unbewohnte Koralleninseln.

Yap.

Yap, auch Eap und Guap genannt, zwischen 138° 3′ bis 138° 18′ O und 9° 19′ bis 9° 37′ N gelegen, und gewissermaßen den Übergang zur Palaos Gruppe bildend, hat einen Flächeninhalt von 3,813 deutschen Quadratmeilen, also von ungefähr 214 qkm. In seiner äußeren Gestalt stimmt es sehr mit der von Maniland, der größten der Shetlands Inseln, überein und besteht gleich diesem aus einem von Nordost nach Südwest sich hinziehenden Hauptteil und aus einem mit diesem nur durch einen kurzen, schmalen Landrücken zusammenhängenden nordöstlichen Ausläufer. Zu diesem Landkomplexe gesellen sich noch zwei kleinere, im Norden der Hauptinsel gelegene Inseln, Romo und Torei, die nur durch schmale Meeresarme unter sich und von der Hauptinsel getrennt sind. Das Ganze umgiebt ein weitreichender, ungefähr 2—4 km breiter Riffgürtel, der an seiner äußersten Kante steil abfällt. Von den zahlreichen Öffnungen in diesem Riffbande ist für anfahrende Schiffe nur eine einzige brauchbar, im Südosten der Gruppe. Diese führt in die Tomil-Bai, die in ihrer innersten Fortsetzung das Land fast entzweischneidend, einen vorzüglichen Hafen mit günstigem Ankerplatze gewährt.

Yap trägt vornehmlich Hochflächencharakter und besteht wie die übrigen Hochinseln aus Basalt. Im nördlichen und mittleren Teile der Insel finden wir Hügelketten, welche die Höhe von 300 m übersteigen, unter denen die südlichste, Rul, wenn auch nicht am höchsten, so doch am geschlossensten und deshalb am deutlichsten aus dem Inselkern hervortritt. Die Vegetation dieser gebirgigen Gebiete ist äußerst gering. Baumwuchses vollkommen ermangelnd, gestattet die Zusammensetzung der Gebirgsart, die nur aus Thon und Tuffmassen besteht, kleinen Sträuchern, Gräsern oder Farnen ein spärliches Wachstum.

Nach Südwesten hin verflachen sich allmählich die Ausläufer der Gebirgsketten und bildet dieser Teil der Insel, dessen Ufer mit Kokospalmen geschmückt ist, mit gut angebautem Ackerland den Hauptsitz der Bevölkerung. An die Küstenvegetation der Kokospalme schließen sich hier die Fruchthaine der Eingeborenen, Bambuspflanzungen und Brotfruchtbäume, während dichte Bestände der Arecapalme unmittelbar an die kahlen Anhöhen grenzen.

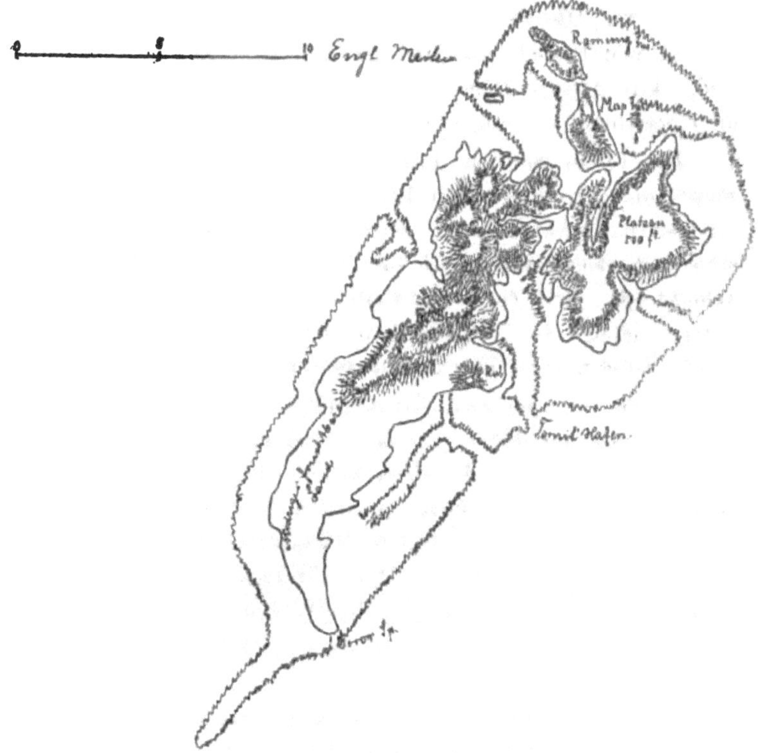

Insel Yap oder Wuap.[1])

Ganz ähnlich liegen die Verhältnisse auf der Osthälfte der Insel, der Tomil-Halbinsel. Auch hier finden wir ein waldloses, von der Vegetation auch sonst nur spärlich besetztes, 200 m hohes Bergplateau, das nur in einem schmalen Ufersaum für den Ackerbau brauchbares Gebiet frei läßt.

---

[1]) Nach Christian: Exploration in The Caroline Islands.

Die Inseln korallinischen Ursprungs.

Die große Masse der zu dem Archipel gehörenden Inselgruppen ist korallinischen Ursprungs und zeigt, was Struktur, Flora und Fauna anlangt, ungefähr den gleichen Charakter. Es sind zumeist flache, kaum in Mannshöhe das Meeresniveau überragende Flachinseln, die allmählich, durch Ausfüllung der zwischen den bis zur Oberfläche emporwachsenden Korallen bestehenden Lücken und Löcher mit Sand und später mit Erde entstanden sind. Ihre geringe Höhe ist wohl der Hauptgrund gewesen, der die Erforschung so riesig erschwerte und diese dem Zufall überließ.

Die Inseln besitzen durchweg eine Länge von 2—4 Seemeilen und eine Breite von 1,5 Seemeilen. In ihrem Bau einem zerrissenen Kranze ähnelnd, zeigen sie nach Süd und West die schwächste Entwicklung, wie dies zur Ebbezeit deutlich wahrnehmbar ist. Auf der Nordostseite hingegen, wo den bauenden Polypen infolge des Nordostpassates reichliche Nahrung zuströmt, ist die Struktur eine bedeutend massivere.

Infolge des geringen Niveauunterschiedes mit der Meeresoberfläche — nur selten überragen sie den Meeresspiegel mehr als 6—10 m — sind diese Flachinseln den Unbilden und Gefahren von Wind und Wetter unmittelbar preisgegeben. Und so ist es keine Seltenheit, daß die Wohnplätze der Eingeborenen zeitweilig von den Wogen des Meeres überspült werden, die Eingeborenen selbst aber Schutz in den Wipfeln der Bäume suchen müssen, an deren Stämmen sie vorher Weib und Kind befestigt haben.

Diese aus Madreporenkalk aufgebauten Inseln finden sich auf einer Fläche von 2800 km in der Richtung West-Ost (von Yap-Kusaie) vornehmlich in geschlossenen Gruppen, seltener vereinzelt, verstreut. Von den vereinzelt liegenden Stollen erregt besonderes Interesse das kleine Eiland Feis, welches im Unterschiede von den übrigen Inseln korallinischen Ursprungs als „Hebungsinsel“ betrachtet werden muß, da es mit seinen zum Meere steil abfallenden Korallenwänden immerhin eine Höhe von 30 m erreicht.

Die Namen der wichtigsten Gruppen und selbständigen Inseln korallinischen Ursprungs sind: Ngoli oder Matelotasinseln; Uluthi oder Mackenzieinseln; Ulie oder Woleainseln; Lamotrek; Namonuito; Enderby-, Hallinseln; Ruk oder Hogoleuinseln (zum Teil); Namolouk; Mortlockinseln; Oraluk; Nukuor oder Monteverdeinseln; Greenwich oder Pikirain; Mokil; Pingelap.

Einwohnerzahl.

Die Zahl der Bewohner des Karolinenarchipels läßt sich mit Genauigkeit kaum feststellen. Da von allen Inselgruppen systematische Volkszählungen nicht vorliegen, ist man auf Schätzung angewiesen. Die augenblickliche Bevölkerungsziffer wird auf ungefähr 27000 angesetzt, die sich wie in folgender Tabelle ersichtlich, auf die einzelnen Inselgruppen und selbständigen Inseln verteilen:

Insel oder Inselgruppe	Bevölkerung	Auf 1 qkm.
Kusaie	400	4
Pingelap	800	800
Mukil	90	90
Ngatik	150	150
Ponape	3000	9
Pakin	20	10
Kapingamarangi	140	70
Nukuor	200	29
Mortlock	3300	254
Namoluk	150	200
Losop	500	250
Nema	300	150
Ruk-Atoll	9000	68
Hall-Gruppe	550	33
Ost-Faju	50	100
Namonuito	900	19
Märtyrer-Ins.	200	100
Enderby-Ins.	300	150
Suk	50	12
Satawal	450	225
Lamotrek	100	17
Elato	50	17
Olimarao	50	500
Faraulep	100	200

Insel oder Inselgrnppe	Bevölkerung	Auf 1 qkm.
Grimes	100	40
Ifalik	300	300
Ulea	800	114
Feis	200	57
Uluti-Atolle	1600	100
Sarol	200	100
Yap	3000	14

Vorstehende Tabelle zeigt deutlich, daß die Dichte der Bevölkerung auf Flachinseln der den Inseln vulkanischen Ursprungs gegenüber eine bei weitem größere ist; eine für die ganze Südsee charakteristische Erscheinung. Haben wir doch auf der Mortlockgruppe eine mittlere Bevölkerungsdichte von 254, während Yap nur eine solche von 14 aufweist.

Die übrigen Schätzungen der Bevölkerungszahl der Inselgruppe greifen teils höher teils niedriger als die oben angeführte Ziffer. Die Differenz ist zuweilen eine ganz bedeutende. So greift Christian, der 1895—1896 die Karolinen besuchte, ersichtlich höher, wenn er eine Kopfzahl von 50000 annimmt, während Meinecke auf Grund einer Zählung des Missionaren Gulick aus dem Jahre 1860 nur 19000 ansetzt.

Wie dem auch sein mag, die Tatsache ist nicht hinwegzuleugnen, daß die Bevölkerung auf den verschiedenen Inseln in rapidem Abnehmen begriffen ist, ein Umstand, den Kubary mit der auf den Karolinen herrschenden Sittenlosigkeit zu erklären sucht. Krankheit und Epidemien haben aber auch ihre Opfer gefordert. So schleppte 1854 ein englisches Schiff auf Ponapé absichtlich die Blattern ein, die eine furchtbare Dezimierung der Bevölkerung im Gefolge hatten.

Auch auf Kusaie, auf dem eine an und für sich spärliche Bevölkerung nur die Küstenränder besiedelt, ist gleichfalls ein bedeutender Rückschritt in der Bevölkerungsziffer zu verzeichnen. Nach den durch weiße Missionare vorgenommenen Zählungen betrug die Zahl der Eingeborenen 1855 noch 1100, 1858: 830; 1860: 749; 1880: 200 und war bis zum Jahre 1891 auf 125 herabgesunken. Ähnliche Differenzen in der Einwohnerzahl sind auf vielen anderen Inseln nachzuweisen und man kann sich der traurigen Wahrheit nicht erwehren, daß diese erschreckenden Verminderungen in der Bevölkerung teilweise, wenn nicht zum größten Teile dem Kontakt mit ihren weißfarbigen Brüdern zuzuschreiben ist, die diesen sorglosen Söhnen der Natur durch Übermittlung aller Bequemlichkeiten und Genußmittel der modernen Kultur jeden Eifer, jedes Streben nahmen und ihnen den Weg zu ertötendem Nichtstun, zur geistigen Stumpfheit wiesen. Semper kennzeichnet mit treffenden Worten diesen Zustand, wenn er sagt:

„Das Bewußtsein leicht etwas erreichen zu können, ertötet nicht blos bei Wilden die Begierde nach dem Besitz. Das Eisen des Europäers folgte zu rasch auf den Stein des Wilden; so mußte notwendig das, was für sie vorgeblich ein Segen werden sollte, sie krank machen und hinsiechen lassen an Seele und Leib.“.

Klima.

In die klimatischen Verhältnisse des Karolinenarchipels haben wir bis jetzt noch keinen genauen Einblick. Während der scheinbaren Herrschaft der Spanier, unter der von einer geregelten Verwaltung schon keine Rede war, wurde an systematische meteorologische Beobachtungen nicht gedacht. So sind nur allgemeine, im einzelnen wenig zuverlässige Angaben beizubringen, aus denen eine nur oberflächliche Einsicht in die klimatische Beschaffenheit der Inselgruppe gewonnen werden kann.

Vermöge der aequatorialen Lage ist das Klima der Inselgruppe ein tropisches, ohne jedoch extreme Hitzegrade zu zeigen. Von bedeutendem Einfluß und ausschlaggebend hierbei sind die regelmäßigen Winde, denen vornehmlich der Archipel seinen für einen Tropenraum günstigen Gesundheitszustand verdankt. Während der Westen der Inselgruppe noch unter der Einwirkung der Monsune steht, sind für einen Teil des Zentrums und den Osten die Passate die maßgebenden Faktoren.

Auf den hohen Inseln des Ostens wird die Hitze gemäßigt durch den von Oktober bis Mai wehenden frischen Nordostpassat, der schönes Wetter im Gefolge hat. Mit dem Monat Juni treten regenbringende Südostwinde auf, die häufig von Kalmen und Gewitterstürmen unterbrochen sind und sich besonders heftig in den Monaten August bis November bemerkbar machen.

Der Südwestmonsun, der den Westen der Inselgruppe beherrscht, setzt im Juni ein. Zunächst sind die Tage ruhig und man beobachtet viel Tau. Von Mitte Juli bis Anfang August stürzen heftige Regengüsse herab. Zur Zeit der Äquinoktien, wenn der Monsun wechselt, sind heftige Wirbelstürme eine alltägliche Erscheinung. Starke Verwüstungen richten sie an, unter denen besonders die flachen Inseln zu leiden haben. Der dann einsetzende Nordostmonsun, der von Dezember bis Mai weht, bringt Trockenheit und man beobachtet nur geringen Taufall.

Die höchste Jahrestemperatur auf Ponapé beträgt nach Missionar Gulick auf Grund dreijähriger Beobachtungen 31,7° C. die niedrigste 21° C. Daraus entnehmen wir eine Durchschnittstemperatur von 28,3° C. Die neuesten Mitteilungen des englischen Reisenden Christian berichten von Yap eine ständige Temperatur, die zwischen 23,3° C. und 26,6° C. variiert. Auf Kusaie beobachtete Duperrey im Juni 29°—31° C.

Über die Niederschläge geben einige Beobachtungen Aufklärung, die im Jahre 1890 in der Ascensionsbai angestellt wurden. Darnach zählte man während des Jahres 230 Regentage mit einer Regenhöhe von 915 mm, ein Zeichen, daß der Regenfall sich nicht allein auf die eigentliche Regenperiode beschränkt.

Über die Mittelwerte des Luftdruckes und der Himmelsbedeckung auf Ponape und Yap, im Osten und Westen der Inselgruppe gibt folgende Tabelle Auskunft, die 3 wöchentliche Beobachtungen auf diesen Inseln zur Grundlage hat.

Was den Luftdruck anlangt, sehen wir auf beiden Inseln ein ziemlich gleichmäßiges Verhalten. Abnehmend von der Zeit des ersten Beobachtungstermines bis zum Nachmittage, ist bis 8h p. m. eine wenn auch nur geringe Zunahme zu verzeichnen. Die mittleren Schwankungen weisen keine bedeutende Differenz auf. Sie betragen für

Ponapé 2,2 mm und für
Yap 2,0 mm.

Auch die absoluten Schwankungen weichen nur unbedeutend von einander ab:

Ponape 760,4 und 756,3 mm Differenz 4,1 mm.

Yap 759,9 und 755,9 mm Differenz 4,0 mm.

Was die Bewölkung betrifft, so finden wir die stärkste mittlere Bewölkung auf Ponape, die geringste auf Yap. Die beobachteten Wolkenformen sind auf beiden Inseln vornehmlich die Cumuluswolken; aber auch die Cirrusform ist nicht selten.

Mittelwerte des Luftdrucks und der Himmelsbedeckung.

Ort	Zeit der Beobacht.		Luftdruck in mm				Bedeckung d. Himmels 0—10			
			8 h. a. m.	12 h. m.	4 h. p. m.	8 h. p. m.	8 h. a. m.	12 h. m.	4 h. p. m.	8 h. p. m.
Ponapé	v. 3. Sept.	Anzahl der Beobacht.	9	8	8	6	9	8	8	6
	b. 11. Sept.	Mittel	759,3	758,4	757,1	759,0	7,7	7,9	7,9	6,8
Yap	v. 5. Okt.	Anzahl der Beobacht.	10	8	12	10	10	8	12	10
	b. 11. Okt.	Mittel	759,2	758,2	757,2	758,0	4,7	6,4	6,2	3,0

Pflanzen- und Tierwelt.

Die Flora der Karolinen bietet tropische Überfülle. Doch ist es nicht der Artenreichtum, sondern die malerische Gruppierung, das bunte Durcheinander, welches einen lieblich anmutigen Eindruck hervorruft. Vornehmlich gilt dies von den hohen Inseln vulkanischen Ursprungs, wo der Wald, der in dem vulkanischen Detritus vorzügliche Nahrung findet, die höchsten Gipfel ziert. Die Küsten der hohen Inseln sind allenthalben mit einem stellenweise sehr breiten Gürtel der Mangrovevegetation, die überall da in der heißen Zone, wo durch vorgelagerte Riffe die Stärke der Brandung abgeschwächt wird und aus dem Innern des Landes Süßwasser in reichen Mengen zufließt, auftritt, umgeben. Die vornehmlichen Vertreter dieser Vegetationsform auf den Karolinen sind eine gesellschaftlich wachsende, buschartige Rhicophora, in geringen Mengen untermischt mit einer Brugaiera und eine Baumgattung Sonneratia, die das Gebüsch der erstgenannten bei weitem überragt. Es sind lange, starke mit dunkler Rinde bedeckte Stämme, die nach verschiedenen Richtungen hin aus der Wurzel emporwachsen und mit ihrem hellgrünen Laubwerk, das herrlich gegen die tiefbraune Rinde des mit parasitischen Farnen und Mosen überwucherten Stammes kontrastiert, bis auf das Wasser niederreichen. Einen ihr eigentümlichen Charakter bekommt diese Vegetationsform durch das kegelförmige Luftwurzelgestell der Rhicophora und Bruiguiera, das durch die aus den lederartigen in Büschel gestellten, lanzettförmigen Blättern hervortreibenden Absenker an Umfang gewinnt. Zur Ebbezeit, wenn das Wurzelgeäst den schwarzen Schlamm, dem nur die Menge der Wurzeln, die in unentwirrbarer Fülle den Boden überziehen, einige Festigkeit verleiht, in erheblicher Höhe überragt, bietet dieser Mangrovegürtel ein eigenartiges Bild dar.

Durchschnitten wird dieser sumpfige Waldgrund von den von den Höhen niederströmenden Bächen, die denn auch den Kanoes der Eingeborenen brauchbare Durchfahrten von der Lagune zum Lande selbst darbieten.

Hinter dem Mangrovegürtel beginnt der Boden allmählich zu steigen. Reich mit Waldvegetation bedeckt, trägt dieser Landstrich unverkennbar den eigentümlichen Stempel der Nähe menschlicher Wohnungen. Es sind die nutzbringenden Pflanzengattungen, die teils wild, teils angebaut, in dem vegetativen Landschaftsbilde einen lieblichen Wechsel hervorrufen.

Die sumpfigen Randgelände des Mangrovegürtels bedecken weite Felder verschiedener Caladien-Arten, die aus dem fetten mit Laub und Abfällen gedüngten Schlamm ihre dunkelgrünen Riesenblätter an weit über mannshohen Stielen emporsenden.

Die hier angebauten Caladien gehören zu den Varietäten, die zu ihrem Wachstum einen stark bewässerten Boden benötigen. Aus diesem Grunde sind die hohen Inseln zu dieser Kultur besondern geeignet, erfüllen sie doch die gestellte Bedingung der Bewässerung in ihrer natürlicheu Beschaffenheit vollständig.

Im Schatten riesiger Brotfruchtbäume, die vornehmlich in den Vegetationscharakter dieser Insel gehören, gedeihen vorzüglich Bananen und Zuckerrohr, Nutzpflanzen, die hier auf den hohen Inseln in mehr oder weniger geregeltem Plantagenbau gezogen werden. Die Yamswurzel (Diascorea), ursprünglich nur auf Ponape heimisch, aber später von den Weißen nach Yap und den Mortlockinseln verpflanzt, rankt an hohen Stangen, die in regelmäßigen Reihen die Felder bedecken, empor.

Außer den nahrungsspendenden Stauden sind Fruchtbäume in prächtiger Fülle vertreten. Neben Brotfruchtbaum und Cocospalme liefern besonders die Pandang-Arten (Pandanus odoratissimus; Pandanus latifolius), die mit ihren dunkelgrünen Blätterkronen, durch die runden, goldgelben Fruchtkolben geziert, ein prächtiger Schmuck des vegetativen Landschaftsbildes sind, die herrlichsten Früchte.

Trotzdem Kusaie und Ponape überhaupt einen zusammenhängenden Wald darstellen, ist doch der Unterschied zwischen den Anpflanzungen der Eingeborenen und dem eigentlichen Bergwald deutlich wahrnehmbar, zumal dieser Übergang sehr charakteristisch durch ein rotblühendes, strauchartiges Gewächs, eine Rhexia, gekennzeichnet wird. Sie gehört der Familie der Melastomeen an, die im tropischen Amerika einen besonderen Artenreichtum aufweist.

Als charakteristischer Baum des Bergwaldes, dort ein eigentümliches Unterholz bildend, tritt uns Hibiscus populneus entgegen, der aus seinem dem Erdboden parallel wachsenden Stamme die zahlreichen Äste rechtwinklig emporsendet. Für den Wanderer ist es kein angenehmes Gewächs, da es sehr schwer hält über die noch mit dichten Lianen verstrickten Stämme fortzuklettern. Als Sonderschmuck des karolinischen Bergwaldes ist der Muskatnußbaum und vor allem Barringtonia speciosa zu erwähnen, der zur Blütezeit mit seinen weißen Blüten und langen roten Staubfäden einen prachtvollen Anblick gewährt.

In großer Zahl sind Baumfarne vorhanden, wie überhaupt die Farren die meisten Vertreter der Arten besitzen, die auf Kusaie allein den vierten Teil ausmachen. Von Palmen kommt außer Kokos, die Nipa- und Areca-Palme vor, während auf Ponapé außerdem die echt indo-malaische Gattung der Sago-Palme vertreten ist.

Der hervorstehendste Zug aber des karolinischen Tropenwaldes sind neben der üppigen Fülle der Farren die zahlreichen Lianen, die in dichtem Netzwerk die gesamte Vegetation durchziehen und bis zu den höchsten Baumgipfeln emporklimmen.

Die Rukgruppe zeichnet sich nach Kubary durch das fast völlige Fehlen von Wäldern aus, trägt aber im übrigen die Vegetation der Karolineninseln, die mit der kosmopolitisch-pazifischen Flora der anderen Inseln gemischt ist.

Für Yap ist der Umfang des angebauten Landes charakteristisch; der durch die Kokospflanzungen gebildete Gürtel ist fast überall 1 km breit. Einige Baumarten, die sich zur Gewinnung von Bauholz eignen, sind in den Bergen vorhanden.

Die Vegetation der Flachatolle ist im Vergleich zu der der hohen Inseln arm zu nennen. Für die vegetative Entwicklung ist besonders ein strauchartiges Gewächs, eine Scaevola, von großer Bedeutung, die durch ihr ungeheuer schnelles Wachstum wesentlich zur Bildung der für anderes Strauchwerk und weiterhin Baumwuchs notwendigen Dammerde beiträgt. Im übrigen ist der Artenreichtum ein sehr geringer; zuweilen bilden die Kokospalmen neben dem Strauchwerk den alleinigen Baumwuchs der langgezogenen Atollinsel.

Wie die Flora so ist auch die Fauna reicher als in Ostmikonesien. Säugetiere sind nur in geringer Zahl vertreten. Außer der überall verbreiteten Ratte, die Kittlitz mit der indischen Mus setifer identifiziert, kommen fliegende Hunde (Pteropus) sogar auf Atollen (Mortlock, Lukunor) vor, von denen jede Insel eine spezifische Art besitzt. Außerdem findet sich noch ein anderes Fledertier (Einballonura).

Auch die Vogelwelt ist im ganzen erforscht. Die ungefähr 70 bekannten Arten, die aber wenig charakteristische Formen aufweisen, gehören der malayischen Avifauna an.

Auf Kusaie sind nach Finsch 22 Vogelarten bekannt, von denen jedoch nur vier der Insel eigentümlich sind. Es sind: Zosterops cinereus K.; Sturnoides corvina K.; Ptilopus Hernsheimi F.; und Kittlitzia monasa K.

Von Ponapé sind durch Kubary 32 Vogelarten bekannt. Besonders auffallend ist das Vorkommen einer Papageienart, der einzigen in der ganzen Inselgruppe. (Trichoglossus rubiginosus). Als Brut- und Standvogel kommt unsere Sumpfohreule (Otus brachyotus) vor. Weiter eigentümlich sind der Insel: Zosterops ponapensis F.; Volvocivora insperata F.; Myiagra pluto F.; Rhipidura Kubaryi F. und Aplonis Pelzelni F.

Auf Ruk zählt die Vogelwelt ungefähr 30 Arten, von denen jedoch nur 2 der Insel eigentümlich sind: Metabolus rugensis und Myiagra oceanica.

Von den 8 bekannten Landvögeln, die sich auch auf Ponapé finden, kommen drei auf den Atollen, Mortlock, Lukunor und Nukuor vor. Es sind: Calornis pacifica; Calamoherpe syrinx, Carpophaga oceanica.

Außerdem erwähnt Kubary von Mortlock noch ein Wildhuhn, das er mit dem javanischen Wildhuhn (gallus ferrugineus) identifizieren will, eine Annahme, die Finsch verfrüht erscheint, da er sie für verwilderte Haushühner hält.

Auf Yap ist die Vogelwelt in 24 Arten vertreten, von denen die eigentlichen Landvögel, die vorwiegend auf animalische Nahrung angewiesen sind, folgenden sieben Klassen angehören: den Meliphagiden oder Pinselzünglern, den Muscicapiden oder Fliegenschnäppern, den Ampeliden, den Sturniden oder Staaren, den Columbiden oder Tauben und den Ralliden oder Rallen.

Das Gesamtbild der Vogelwelt ist ein wenig farbenprächtiges, da die auf manchen andern Inseln vorkommenden Baumtauben und Papageien mit ihrem glänzenden Gefieder durchweg fehlen. Als Wandervögel siud nicht selten ein Falke, unsere Rauchschwalbe und Hausschwalbe gesehen, drei Arten, die als äußerste Vorposten der europäisch-asiatischen Vogelwelt, interessant sind.

Die häufigsten, über fast alle Inseln verbreiteten Standvögel gehören zu den Gattungen: Halycon (Eisvögel); Zosterops (Brillenvögel); Myiagra; Rhipidura (Fliegenfänger); Rectes (Würger); Calornis; Aplonis (Glanzstaare) und Ptilopus (Flammenfußtäubchen).

Die Gattungen Phlegoenas und Carpophaga sind auf gewisse Inseln beschränkt. Während Carpophaga oceanica hauptsächlich auf den hohen Inseln vorkommt, ist Phlegoenas erythroptera nur auf Ponapé und Ruk bekannt.

Reptilien kommen nur in wenigen Arten vor, meist weit verbreitete kleine Eidechsen. Auf Kusaie sammelte Finsch unter anderen Mabonia cyanura und Ablepharus poecilopleurus.

Auf Ponapé fand er außer den ebengenannten noch Lygosoma smaragdina und Platydactylus lugubris.

Auf Ruk sind die gleichen Arten vertreten. Als beachtenswert jedoch führt Kubary einige Landconchylien (Tornatellina gigas, Trochomorpha entomostoma) an, wodurch sich diese Insel in ganz Mikronesien auszeichnet.

Von Yap ist die gefleckte Warneidechse (Hydrosaurus marmoratus), die in Mengen vorkommt, zu erwähnen. Sie hat einen bedeutenden Verbreitungsbezirk und finden wir sie in der Abart Hydrosaurus bivittatus in Ostindien, an der Malabarküste, in Cochinchina, Sumatra, Java und den Philippinen. Außerdem finden sich aus der Ordnung der Saurier noch eine Anzahl Schleichen oder Scinoiden, die jedoch mit den auf den übrigen Inseln vorkommenden Arten übereinstimmen. Die wirbellosen Tiere der Karolinen sind noch zu wenig erforscht, um genauere Angaben machen zu könnnn.

Bevölkerung.

Wie alle Mikronesier sind die Karolinier von der Natur außerordentlich begünstigt. Im großen und ganzen sind sie ein Menschenschlag von Mittelgröße, aber wohlgebildet. Sie haben meist kräftig entwickelte Glieder, die aber infolge der vorwiegend vegetabilischen Nahrung und der geringen körperlichen Anstrengungen der muskulösen Festigkeit entbehren. Das weibliche Geschlecht ist durchgehend von bedeutend kleinerem, aber nichtsdestoweniger wohlgestaltetem Wuchse, der jedoch bei den Weibern Kusaies sehr beeinträchtigt wird durch einen unbeholfenen Gang, der sie meist den Oberkörper seltsam nach vorn beugen läßt.[1])

[1]) Kittlitz erklärt diese Gewohnheit mit der Kleidung, dem schmalen faltenlosen Gürtel. Es ist aber zweifellos die Folge der für diese Insel eigentümlichen Sitzweise, wobei Ober- und Unterschenkel wie zusammengeklappte Taschenmesser völlig flach am Boden liegen und dem Körper auf diese Weise eine solide Stütze bieten.

Wie es unmöglich ist, eine spezifische Hautfarbe anzugeben — sie variiert nach Miklucho-Maclay individuell zwischen 21—43 der Brocaschen Tafeln —, so ist es ausgeschlossen einen allgemeinen Typus der Gesichtsbildung, die allein auf einer Insel die verschiedensten Formen annimmt, aufzustellen.

Meist jedoch, vor allem bei den Ponapesen, trägt der Gesichtsausdruck den Stempel der Dummheit und Sinnlichkeit, besonders scharf ausgeprägt durch eine niedrige Stirn, flache, breite Nase und einen langgezogenen Mund. Die Augen sind meist dunkel bis schwarz gefärbt. Ebenso das Haar, das jedoch nicht durchgehend schlicht, sondern wie auf Yap wellig, ja selbst lockig ist. In den Haartrachten zeigen sich auf den verschiedenen Inseln einige Unterschiede.

Zur Zeit Lütkes schürzten die Männer von Kusaie das Haar in einen vom Kopfe herabhängenden Knoten. Heute tragen sie es meist kurz. Die weiblichen Eingeborenen binden noch heute das lang wallende Haar im Nacken oder an der Seite des Kopfes zu einem Knoten zusammen, der von einem europäischen Kamme gehalten wird.

Auf Ponapé wurde immer kurzes Haar und zwar von beiden Geschlechtern getragen; nur in seltenen Fällen ließ man es bis zu den Schultern wachsen.

Die größte Sorgfalt wird in den Zentralkarolinen auf die Haartracht verwandt. Die Männer binden das Haar zu einem dichten, chignonartigen Knoten auf, während das weibliche Geschlecht das Haar scheitelt und gewöhnlich an der linken Seite des Kopfes zu einem abstehendem, sehr hübsch kleidenden Knoten verschlingt.

Auf Yap wird das Haar von beiden Geschlechtern lang getragen, meistens aber an der Seite des Kopfes zu einem Knoten verschlungen.

Bartwuchs findet man bei den Karoliniern in nur seltenen Fällen, auf Ponapé überhaupt nicht, da sich die Eingeborenen schon in jungen Jahren die Haare auszupfen.

Der Körper der Insulaner ist in den meisten Fällen von schuppenartigen Hautkrankheiten (Ichthyosis und Psoriasis), die sich in vielen mäandrisch gewundenen Streifen auf der Haut zeigen, in unangenehmer Weise verunstaltet. Auf Kusaie fand Kittlitz neben Ichthyosis, die er nur spärlich beobachtete, die übelberüchtigte Lepra vor.

Auf den Zentralkarolinen, besonders auf Mortlock, zeigen sich auch verschiedene Lupusformen und vor allem tritt gerade hier die Elephantiasis Polynesiorum auf, die beide Geschlechter befällt. Als nur den Mortlockinseln eigentümliche Krankheit erwähnt Kubary eine Kürzung der Flexoren (Beugmuskeln), die erblich ist, aber erst in hohem Alter auftritt und in vollständiger Lähmung der Finger besteht.

Unangenehm im Umgange mit den Eingeborenen wirkt ein penetranter Geruch, der sie fortwährend umgibt und von Einreibungen mit dem Pulver oder der frischen Wurzel von Curcuma longa (Gelbwurz) herrührt. Die Sitte sich den Körper mehr oder weniger mit dieser gelben Farbe einzureiben ist, mit Ausnahme von Kusaie, auf der ganzen Inselgruppe hoch geschätzt, wird aber nirgends mit einer solchen Leidenschaft betrieben, wie auf den Zentralkarolinen.

Über die Rassezugehörigkeit der Karolinier ist viel gestritten worden; vor allem aber wurde die Einheitlichkeit der Rasse in Frage gestellt.

Während sich beispielweise Lesson 1824, Steinthal 1874, A. Bastian 1883, Gerland 1870 und 1890 für selbständige Stellung der Mikronesier gegenüber Melanesiern und Polynesiern aus ethnologischen und sprachlichen Gründen ausgesprochen haben, erklärten Dumont d'Urville 1825, 1838, Meinecke 1874 und Finsch die Mikronesier für eine Unterabteilung der Polynesier. Peschel hält sie für ein Mischvolk aus Melanesiern und Polynesiern, Friedrich Müller und Semper glauben an Mischung zwischen Malayen und Melanesiern, Krause und von Luschan endlich an Mischung zwischen allen drei Elementen. Noch neuerdings will der Engländer Christian dargelegt haben, daß die heutigen Bewohner der Karolinen ein seltsames Gemisch verschiedener Rassen seien, unter denen das Papuanische und das melanesische Element deutlicher zu Tage trete als das polynesische Element. Er findet deutliche Anklänge an die Malayen der Philippinen, an die Dyaks von Borneo und die wilden Bergstämme Formosas, ja sogar an die Südchinesen und Japaner, die im Mittelalter mit den Karolinen in Handelsbeziehungen gestanden haben sollen.

Der Annahme einer Mischlingsrasse malayischen und mongolischen Blutes tritt bereits Kittlitz entgegen mit den Worten:

„Es wird gewiß nicht leicht nachzuweisen sein, was diesen Reisenden (Lesson) auf den Gedanken gebracht haben kann, den Karoliniern überhaupt eine Verwandtschaft mit der mongolischen Rasse zuzuschreiben. Allerdings haben wir auf Ualan (Kusaie) einzelne Leute gesehen, deren Augenschnitt etwas von den übrigen abwich, aber dieser Zug hat so wenig von der mongolischen Gesichtsbildung, daß wir, um den Urgrund jener Annahme zu erkennen, gewiß nicht der Gegenwart unserer beiden Aleuten bedurft hätten, deren Anblick uns hier den ungeheuren Unterschied zwischen der mongolischen und malayschen Physiognomie vorhielt. Im Gegenteil waren dergleichen Einzelheiten nur Beispiele von der hier herrschenden Verschiedenheit in den Gesichtszügen der Individuen, eine Verschiedenheit die bekanntlich bei mongolischen Völkern mehr als bei anderen zurücktritt."

Heute scheint diese Streitfrage über die Rassezugehörigkeit der Karolinier eine endgültige Lösung gefunden zu haben, wenn Finsch auf Grund zuverläßiger Messungen die Karolinier wie überhaupt alle Mikronesier und Polynesier der ozeanischen Rasse zuteilt und Unterschiede zwischen Ost- und West-Mikronesiern nicht bestehen läßt.

Daß zweifellos Einwanderungen fremder Elemente stattgefunden haben, die jedoch nur eine Mischung des Blutes, nicht aber eine Mischrasse hervorriefen, dafür spricht die geradezu verblüffende Menge verschiedener Dialekte. Nach Finsch werden nicht weniger als sechs von einander abweichende Sprachen auf der Inselgruppe gesprochen:

1. Kusaie; 2. Ponapé; 3. Zentralkarolinen (Mortlock, Ruk, Hall, vielleicht auch Uleai und Fais; 4. Nukuor; 5. Uluti mit Ngoli; 6. Yap.

Allein auf Kusaie werden zwei verschiedene Dialekte gesprochen. Samoanischen Dialekt finden wir auf Nukuor, den Christian allerdings als „reines, archaisches Polynesisch mit tahitisch-samoanischer Phonetik und ein wenig späterem Malayisch" bezeichnet. Auf Ponapé macht sich in der Sprache papuanischer und in geringem Maße mongolischer Einfluß geltend. Zahlreiche rein polynesische Wörter büßen ihren sanften Vokalismus ein und wandeln sich zu papuanisch rauhen, harten Vokabeln. „Here the rough and hairy Esau has certainly ousted his smoothvoiced brother and rival."

Der große Völkerzug der Bewohner der Ladronen (Chamorro) gegen Ende des 16. Jahrhunderts nach den Zentralkarolinen, hat hier auch in der Sprache seine Spuren hinterlassen, die in dem Dialekt der Mortlockinsel noch zu erkennen sind.[1])

Einen Beweis für die kontinuierlichen Zuzüge fremder Elemente kann man in einer uns von Christian berichteten Vorgeschichte der Ponapésen, der einzigen, die wir besitzen, erblicken. Darnach waren die Urbewohner die Chokolai oder Zwerge. Nach ihnen kamen die Kona oder „Riesen" — auch Ani, Aramach oder Gottmenschen genannt — von denen zwei „Olosipa" und „Olosopa" die großen Steinbauten an der Ostküste aufgeführt hätten. Endlich wanderten die Liot oder Kannibalen ein, die auf großen Kriegskanoes von Pali-Air, aus den Südländern kamen, erschlugen die Steinbauer und wandelten die geordnete Regierung der alten Chante-Leur Dynastie in eine chaotische Mißwirtschaft.

Hiermit schließt die Tradition. Ob wir in den heutigen Ponapéinsulanern Nachkommen jener Kannibalen zu suchen haben, bleibt eine ungelöste Frage.

Über die Charaktereigenschaften der Karolinier herrscht bei den neueren Forschern im großen und ganzen eine erfreuliche Übereinstimmung in der Beurteilung. Wenn auch die Urteile dieser Männer betreffs unumschränkten Lobes nicht ganz mit denen der älteren Forscher harmonieren, so darf keinesfalls hierbei vergessen werden, daß die älteren Weltreisenden die ihnen

---

[1])

Hund	Ladronen	galago
	Mortlocks	kolak
Kleid	Ladronen	magagu
	Mortlocks	mangaku
Häuptling	Ladronen	magas, makan
	Mortlocks	makal

harmlos entgegentretenden Naturkinder im Sinne Forsters zu beurteilen pflegten, der den Südseeinsulanern ja nicht genug Sanftmut, Milde, Gastfreundschaft und was es sonst noch an Tugenden und Vorzügen der Seele gibt, nachrühmen konnte und in ihrem Leben das Urbild einer paradiesischen Idylle erblickte. Daß wir in den Eingeborenen dieser Inselgruppe trotz aller wirklich guten Eigenschaften keine Idealmenschen zu gewärtigen haben, steht wohl außer Frage, denn überall auf dem Erdenrund, wo die Gattung Menschen vertreten ist, finden wir auch Schwächen und Fehler.

Auch wird die Berührung mit den Europäern, unter diesen nicht mit den besten Elementen, wie zuchtlose, fortgelaufene Matrosen, wohl kaum zur Veredlung des Charakters und der Moral der Insulaner beigetragen haben.

Im ganzen genommen sind jedoch die Karolinier sympatische Leute.

Christian ist voll des Lobes. Er schildert den Insulaner als ziemlich ehrlich, gastfreundlich und wenn das Mißtrauen, das er jedem Fremden von Haus aus entgegenbringt, einmal verscheucht ist, als treuen Freund. Jedoch dem Feinde gegenüber: „He calls into play a talent for intrigue, lying and chicanery, that would delight a Macchiavel". Gastfreundschaft findet auf Kusaie die schönste Pflege. Kittlitz kennt die Eingeborenen als liebenswürdige, freundliche Menschen, die stets eine offene Hand hatten, ohne dafür eine Vergütung oder ein Geschenk zu erwarten. Auch Finsch schildert sie, von dem gleichen Eindrucke beseelt, als die angenehmsten und gastfreiesten aller Südseeinsulaner. Treffend kennzeichnet sie Hernsheim in den Worten: „Freundlich, gutherzig, ohne Arg, mit einem dünnen Überzuge von Kenntnissen oder richtiger Namen; aber ohne Verständnis, ohne Streben, ohne jegliche Tradition oder nur alte Gebräuche und Sitten, lassen sie sich willenlos leiten und leben, frei von jeglicher Sorge, in ihrem Paradiese dahin, bis sie, zweifelsohne binnen kurzem ihr prachtvolles, reiches Land zur Ausnützung an Fremde abgeben müssen". Von den Ponapésen empfangen wir nach den Worten Cheynes, der Gutmütigkeit, Gefälligkeit und vor allem Gastfreundlichkeit als charakteristische

Züge der Insulaner hervorhebt, ein gleichfalls günstiges Bild. Doch verhehlt er nicht die demoralisierenden Einflüsse seitens weißer Gäste, die sich in den 40 Jahren vorigen Jahrhunderts bemerkbar machten. Noch in den 70 Jahren wußte Kubary nicht genug des Lobes über die guten Eigenschaften der Ponapésen, ein Ruhmeslied, das merklich herabgestimmt, nachdem er längere Zeit unter ihnen gelebt hatte, in den Worten, die miserabelsten aller Karolinier sein Ende fand.

Diesem Urteil schließt sich Finsch in vollem Umfange an und berichtet von in kurzer Zeit gesammelten, nicht gerade hervorragenden Charakterzügen wie Indolenz, Trägheit, Gewinnsucht und Unsauberkeit[1]). Für den kleinsten Dienst erwarten sie eine Gegengabe, die ohne Dank als selbstverständlich hingenommen wird, treu dem Grundsatz allgemeingültiger karolinischer Lebensweisheit:

„Wenig geben, viel nehmen."

Das Lob der Ehrlichkeit, das Kubary ihnen zugesteht, ist allerdings sehr fragwürdigen Charakters. Wenn er sagt: „Stehlen kennt man nicht, weil es nichts zu stehlen gibt".

Der demoralisierende Einfluß verlaufener und verlotterter Weißen, die hier während der goldenen Zeit des Walfischfanges ein sorgenfreies und müheloses Leben führten und der Insel den trefflichen Namen „Beachcombers paradise" beilegten, hat erst die Trunksucht eingeführt und die Prostitution mühelos zur Blüte gebracht, da ja ohnehin Tugend und Keuschheit in Mikronesien unbekannte Begriffe sind. —

Im ganzen jedoch machen die Ponapésen den Eindruck eines wenig lebhaften, aber harmlosen und friedfertigen Völkchens.

Die Bewohner der Zentralkarolinen zeigen im Charakter keine wesentlichen Unterschiede von ihren Brüdern im Osten.

Hinterlist und Heimtücke sind die Eigenschaften, welche den Ruk-Insulanern zudiktiert werden von der Zeit an, wo der Trepangfischer Cheyne, der zu Beginn die freundlichste Aufnahme ge-

---

[1]) Lästige Parasiten gelten als Leckerbissen und werden aufs sorgfältigste den Schoß- und Masthunden abgelesen. Dieselbe Vorliebe für Ungeziefer finden wir auch bei den Papuas.

funden hatte, infolge Eifersucht zweier Stämme aber, von denen jeder die Handelsvorteile allein genießen wollte, hinterrücks überfallen wurde. Überhaupt sind infolge der vielfachen Stammeszersplitterung kleinere Fehden, die sehr oft blutigen Ausgang haben, an der Tagesordnung.

Trägheit und Gleichgültigkeit gegen das eigne Wohlergehen sind die hervorstechendsten Charakterzüge sowohl der Ruk- wie der Mortlockinsulaner. Die vielgepriesene mikronesische Reinlichkeit scheint keine besondere Pflege weder am Körper noch in den Häusern zu finden. Nur in äußerst seltenen Fällen gelangt der Körper, auf dem sich mit der Zeit eine Kruste von Öl und Curcuma-Pulver gebildet hat, mit Wasser in Berührung. Wie auf Ponapé herrscht auch hier die Vorliebe für den Genuß von Parasiten. Wenn auch Sitte und Anstand äußerlich mit peinlicher Etiquette gewahrt bleiben[1]), so ist es doch mit der Tugend des weiblichen Geschlechtes nicht besonders bestellt. Durch kein Sittengesetz gebunden, folgen sie frei ihren augenblicklichen Neigungen.

Die Bewohner von Yap schildert Christian als friedfertig und gastlich; doch sind sie rachsüchtig, wenn sie sich beleidigt glauben; auch das Worthalten soll ihre starke Seite nicht sein. Tetens kennt sie als ein intelligentes, aber auch schlaues und hinterlistiges Völkchen, bei dem infolge der unter den Stämmen herrschenden Kriege Gewalttätigkeiten keine Seltenheit sind.

Dabei mag gleich die Kriegführung der Karolinier Erwähnung finden. Denn ohne Feindseligkeiten scheinen die Eingeborenen besonders aber die Ruk- und Yapinsulaner nicht leben zu können. „Betrachten sich doch, sagt Kubary, auf dem Ruk-Atolle die verschiedenen Stämme im Prinzip als einander fremd, also feindlich, sie leben stets in gegenseitigem Neid, entweder im offenen Kriege oder in einem niemals sicheren Frieden". Die Ursachen zu blutigem Streite sind daher meist von sehr geringfügiger Bedeutung[2]).

---

[1]) In Gegenwart von Frauen ist es streng untersagt, das Wort Nabel, Bauch etc. auszusprechen.

[2]) So greift man z. B. wegen des Besitzes eines Hundes zu den Waffen.

In ihrer Kriegsführung beobachten die Karolinier eine fast allen Kanaken eigentümliche, feige Kriegstaktik. Nicht im offenen Kampfe treten sie sich gegenüber; große Verteidigungswälle werden aufgeworfen, in deren Schutz sie auf einen sich unvorsichtigerweise blickenlassenden Gegner ihre Speere schleudern, ihnen nur in seltenen Fällen tötliche Verwundungen beibringend, da die Waffen keine vergifteten Spitzen tragen; ob aus Humanismus ist fraglich. Auch schießen sie mit Todesverachtung aus verrosteten Musketen und Kanonen, die gewöhnlich außer furchtbarem Getöse keine nachteiligen Folgen hinterlassen. Bei einem solchen Kampfe gelten 4—5 Tote schon als enormer Verlust, der für die Beendigung des Kampfes bestimmend ist und den Sieger berechtigt, eine Kriegsentschädigung zu fordern. Auf den Ruk-Inseln begnügen sich die Eingeborenen nicht damit, sondern vernichten die Niederlassungen der besiegten Partei und verwüsten die Äcker. „Die Folgen einer solchen Kriegsführung, schreibt Kubary, sind leider nur zu oft auf den Ruk-Inseln zu finden und der Mangel an Kokospalmen, wie überhaupt der beschränkte Landbau sind dadurch erklärlich.“

Ethnologische Verhältnisse.

Entgegen der Rasseeinheit finden sich in den ethnologischen Verhältnissen der Inselgruppe nur wenige Charakterzüge, die allgemein verbreitet sind. Es ist deswegen unmöglich eine für die gesamte Inselwelt allgemein gültige ethnologische Schilderung zu geben, wenn auch durch den regen Tauschverkehr, den die Karolinier innerhalb der Inseln unterhielten, manche Bräuche und Erzeugnisse auf Nachbarinseln übertragen wurden und so eine ziemlich verbreitete Übereinstimmung hergestellt wurde. Unter den allgemein verbreiteten ethnologischen Charakterzügen sind vor allem zu nennen: Einteilung in Stämme, Vorliebe für Steinbauten, Benutzung der gelben Farbe zur Verschönerung des Körpers, die hochentwickelte Webekunst, die häufige Benutzung von Kokosnußschale zu Schmuckzwecken und die wenig bedeutende Zahl von Musikinstrumenten.

Im übrigen aber weist eine jede Insel ihre ethnologischen

Eigentümlichkeiten auf und sind es, so weit bekannt, nach Finsch vornehmlich 4 Provinzen, die jede ihr charakteristisch ethnologisches Gepräge tragen. Von Osten nach Westen gezählt sind es:

1. Kusaie. 2. Ponapé. 3. Zentralkarolinen (Ruk, Hallinseln, Lósop, Namoluk, Mortlock, Lukunor, Nukuor). 4. Yap.

Soziale Zustände.

Die sozialen Einrichtungen Kusaies zeigen ein durchaus aristokratisch-patriarchalisches Gepräge, strenge Scheidung in Häuptlinge und Untergebene. Doch sollen in der Klasse der Häuptlinge auch gewisse Rangstufen bestehen. Hier wie auch auf Ponapé wird die Würde durch den Titel bezeichnet, der wie bei uns eine männliche und eine weibliche Form hat.

So heist der Oberhäuptling von Kusaie „Tokoscha" (Kittlitz: Iros) und seine Frau „Koscha", ein Titel, der nur der ersten Frau zukommt. Obgleich die Würde der Oberhäuptlinge nicht erblich ist, verbleibt sie doch gewöhnlich in der Familie und kann sogar von einem weiblichen Mitgliede derselben ausgefüllt werden. Die Wahl wird von den Häuptlingen nach Anhören des Willens der Gesamtbevölkerung vollzogen. Von den Untergebenen wird dem hohen Paare große Unterwürfigkeit entgegengebracht. Nur auf den Knieen rutschend wagen sie den Stufen seines Hauses zu nahen und in seiner Gegenwart fällt die Unterhaltung zum Flüstertone herab. Der gesamte Grund und Boden ist unbeschränktes Eigentum des Oberhäuptlings. Gegen Abgabe von Naturalien wird er von diesem als Lehen verteilt. Bewirtschaftet wird das Land von den Untergebenen, über die als Arbeitskräfte „Tokoscha" willkürliche Verfügung besitzt.

Diese Art Feudalherrschaft findet ihre Erklärung in dem Charakter des Volkes und in dem kaum erwähnenswerten Verkehr mit fremden Völkerelementen, der seinerseits in der sehr östlichen Lage der Insel begründet liegt.

Die zu Kittlitz Zeiten noch streng durchgeführte Stammeinteilung — er kennt, ebenso der ältere Forscher Lesson, drei Stämme Tohn, Pennemé und Lirsinge — konnte Finsch nur noch in schwachen Resten beobachten.

In voller Kraft hingegen besteht nach Kubary diese ursprüngliche Stammeseinteilung noch auf Ponapé und zwar beträgt deren Zahl 22, von denen jedoch nur vier im unbeschränkten Besitze des Grund und Bodens sind.

Heute zerfällt Ponapé politisch in fünf von einander unabhängige Distrikte, die von fünf großen Häuptlingen, sogenannten Königen, beherrscht werden, die nach Rang und Machtstellung wie folgt sich trennen:

Der „Idschibau" von Metalanim, der „Nanmareki" von Iokoits und drei „Nanikin" von den Distrikten Nut, Uu (Ou) und Roankiti

Die Würde wird auch hier durch den Titel bezeichnet, der ebenso wie auf Kusaie eine männliche und eine weibliche Form hat. Selbst andere weibliche Mitglieder hoher Häuptlingsfamilien führen derartige Titulareigennamen.

Dem Könige folgen die Unterhäuptlinge in zwölf Rangklassen und diesen das gemeine Volk und die Sklaven. Christian erwähnt noch zwei geistliche Körperschaften, im Range dem Adel gleichstehend, deren Oberhaupt bei dem Volke bedeutenden Einfluß übt, indem es die Funktionen des Arztes, Magikers, Regenmachers und Wahrsagers in sich vereinigt. Von einer Priesterschaft, die mit einem regiliösen Kultus in Verbindung steht, kann hier keine Rede sein, da nach einer mündlichen Mitteilung Kubarys an Finsch weder wirkliche Priester vorhanden sind, noch eine eigentliche Religion geübt wird.

Der Grund und Boden ist Eigentum der Häuptlinge, die ihn gegen Tributzahlungen von Naturalien den Untergebenen zur Bebauung übergeben. Diese Tributzahlungen bilden den wichtigsten Teil des politischen Lebens von Ponapé, das sich in den einzelnen Distrikten in fortwährenden Festivitäten offenbart. Einmal im Jahre besucht der Oberhäuptling seine Unterhäuptlinge, ein hohes politisches Ereignis, das in großen Schmausereien und Zechgelagen seine würdigste Feier findet. Das gleiche besorgt der Unterhäuptling bei seinen Untergebenen, so daß eine ununterbrochene Kette von Festlichkeiten entsteht, zu deren Vorbereitung und Teilnahme die Hauptzeit des Lebens der Eingeborenen in Anspruch genommen wird.

Die sozialen Verhältnisse der Zentralkarolinen sind sehr kompliziert und nicht ganz klar.

Ein einheitliches Regiment fehlt. Verschiedene selbständige „Inselstaaten" zerfallen wiederum in eine besondere Organisation besitzende soziale Staaten. Diese endlich bestehen aus einer größeren oder kleineren Anzahl von Gemeinden, deren Mitglieder Angehörige verschiedener Stämme sind und jede unter einem Häuptlinge stehen. Die Stellung dieser Häuptlinge ist jedoch keineswegs eine so unumschränkte wie auf Kusaie, wo dem Oberhaupte nur mit der größten Unterwürfigkeit begegnet wird. „Der Titel Häuptling, schreibt Kittlitz von Lukunor, ist hier im ganzen sehr häufig, es sind aber meist ältere Leute, die ihn führen, die sowohl einen Gemeindevorsteher und politischen Chef, als einen Kommandanten zur See bezeichnen, wie denn überhaupt dieses der Schiffahrt und dem Handel ganz ergebene Volk die feudalistische Grundherrschaft der Oberhäupter und die Bauernabhängigkeit der Insassen, die wir auf Ualan bemerkten, gar nicht zu kennen scheint. Jeder Haussohn besitzt hier seine Fruchtbäume, vielleicht auch das Recht, auf einer bestimmten Ausdehnung dergleichen anzupflanzen, doch scheint der eigentliche Grundbesitz, besonders in nicht unmittelbar bewohnten Gegenden immer der ganzen Gemeinde zu gehören und von der Obrigkeit im Interesse derselben verwaltet zu werden".

Diese Verwaltung, die eine unbeschränkte ist, steht dem Oberhäuptling der Gemeinde zu, der als politisches Oberhaupt der älteste Mann der ältesten Familie des Stammes ist. Diese Würde ist in der Familie erblich; wenn sie ausstirbt, geht die Würde auf die nächst älteste Familie über. Nach Kubary gibt, theoretisch aufgefaßt, die Stammesverfassung dem Häuptlinge die höchste Stelle und innerhalb der Grenzen der Verfassung eine unbeschränkte Macht über den Stamm, die aber über das Recht der körperlichen Züchtigung nicht hinausreicht. In Kriegszeiten kann der Häuptling zur Führung mehrerer Stämme erwählt werden.

Äußerliche Abzeichen für einen Häuptling sind keine vorhanden, nur gewisse Ehren seitens der Eingeborenen zeichnen ihn vor dem gewöhnlichen Volke aus.

Infolge des religiösen Kultus, nach dem die Geister verstorbener Häuptlinge als Hauptgötter verehrt werden, ist der Einfluß des regierenden Häuptlings ein besonders großer. Jedes an der Person des Häuptlings verübte Verbrechen wird nachsichtslos von den Hauptgöttern gerächt, ein Glaube, der allein genügen würde, bei einem noch in einem empirischen Stadium seines Daseins weilenden Naturvolke die Autorität des Häuptlings aufrecht zu erhalten. Die Untergebenen, an die der Grund und Boden zur Verteilung gelangt, sind zu formellen Naturalabgaben verpflichtet, die aber nur zu gewissen Zeiten des Jahres (Brotfruchternte oder bei Gelegenheit eines größeren Fischzuges) entrichtet werden.

Wie überhaupt auf den Karolinen, bildet besonders in der Mortlock-Ruk Provinz, also den Zentralkarolinen, die strenge Stammesscheidung ein hervorragend ethnologisches Merkmal. Die Stamm ist die Basis, von der aus alle Erscheinungen zentralkarolinischen Lebens ihren Ursprung nehmen.

So gibt es auf Mortlock sieben Stämme, unter die der gesamte Landbesitz verteilt ist, und drei weitere Stämme, die jedoch von keiner sozialen Bedeutung sind und unter den andern vermischt leben. Die Verfassung eines derartigen Stammes beruht auf besonderen Kardinalgesetzen, deren Ursprung auf die erste Einwanderung nach dieser Gruppe zurückreicht. Kubary übermittelt diese Gesetze in folgender Fassung:

1. Zu einem Stamme gehören Individuen beiderlei Geschlechts, welche ihre Abkunft traditionell von ein und derselben Frau ableiten können.
2. Die Mitglieder eines Stammes beiderlei Geschlechts betrachten sich als Geschwister und dürfen sich nicht geschlechtlich vermischen, oder körperlich oder moralisch schädigen.
3. Die Bande der Stammesverwandtschaft bestehen ohne Rücksicht auf Entfernung und geographische Verteilung.

Von den weiteren Stammesgebräuchen ist als besonders auffallend die strenge Scheidung der beiden Geschlechter hervorzuheben, wonach alle durch Tradition überkommenen Gesetze trachten.

Aus der strengen Scheidung der Geschlechter im Stamme resultieren eine Reihe von Gebräuchen, die in der Tat recht seltsam klingen. So darf z. B. eine Frau in Gegenwart eines Mannes nicht neben ihrem leiblichen Bruder stehen, wenn dieser sitzt und sie darf ihn nicht mit der Hand berühren, Gebräuche, die nach Kubary nur die strenge Abgrenzung der Geschlechter kennzeichnen.

Nach den spärlichen Mitteilungen von Tetens und Kubary ist Yap politisch in 85 Distrikte geteilt, die sich, jeder unter einem eignen Häuptlinge, zu besonderen Bündnissen zusammenschließen. In den Distrikten selbst zerfällt die Bevölkerung in Häuptlinge, Freie und Sklaven. Miklucho-Maclay fügt als zweite Klasse die der Aristokraten ein, während Christian noch „die reichen Leute" und „die Zauberer" als besondere Klasse nennt.

Die Sklaven sind den Häuptlingen (Pilunen) mit Leben und Gut unterstellt. Sie wohnen in eigenen Dorfschaften und sind auffälligerweise auch äußerlich durch einen unter dem Durchschnittsmaße der Yapinsulaner stehenden Körperwuchs kenntlich[1]).

Stellung der Frau.

Ein charakteristisches Zeichen für die Karolinier ist die bei Naturvölkern selten gute Behandlung der Frau. Sie ist „die Mutter des Stammes" und ihre Hauptaufgabe die Erfüllung der häuslichen Pflichten.

Auf Kusaie bildet die vornehmliche Beschäftigung der Frau die Weberei, zu deren Erfindung und künstlerischen Ausgestaltung das weibliche Geschlecht zweifelsohne ein großes Teil beigetragen hat.

Auf Ponapé ist das Haus die Domäne der Frau. Sie beschäftigt sich hauptsächlich mit Nähen von Matten, die aus Pandanusblatt hergestellt werden. Doch unterstützt sie, wenn es erforderlich ist, bereitwilligst ihren Gatten in außerhäuslichen Beschäftigungen (Plantagenbau) und weicht ihm selbst zu Kriegs-

[1]) Diese Tatsache erklärt eine Mitteilung Chamissos, dass auf Yap eine Örtlichkeit mit kleinem Menschenschlage sei.

zeiten nicht von der Seite. Dagegen soll der Mann in nicht allzu seltenen Fällen sogar das — Kochen besorgen, was jedoch nicht Wunder nimmt, da, wie überall in der Südsee, beide Geschlechter in der Kochkunst gleich bewandert sind.

Die Ehe ist noch heute durchgehends polygamisch — nur auf Kusaie ist sie heute christlich, früher herrschte Vielweiberei, doch meist nur bei Häuptlingen —, jedoch begnügen sich in den meisten Fällen die Eingeborenen mit einer Frau, aber zweifellos nur aus dem einen Grunde, weil ihnen zur Erlangung und Erhaltung mehrerer Weiber die Mittel fehlen. Es ist somit die Polygamie ein Vorrecht der begüterten Kaste der Häuptlinge.

Die Werbungen sind mit der Darbietung von Geschenken an die Eltern der Braut verbunden. Nach Christian wird letztere in das Haus des Bräutigams geführt, wo die zukünftige Schwiegermutter ihr den Rücken und die Schultern mit Kokosöl einreibt. Nach dieser Salbung wird sie mit Blumen behängt und ein großes Mahl bildet den Schluß der Trauungsfeierlichkeit.

Wie dem Eingehen von Ehebündnissen keine große Schwierigkeiten in Form von ausgedehnten Formalitäten in den Weg gelegt werden, kann die Auflösung derselben leicht vollzogen werden, indem der Mann die Frau zu ihren Angehörigen zurückschickt. Da aber das weibliche Geschlecht seine Jugend durchgehends gründlich ausgekostet hat, indem kein Sittengesetz dem Tun und Lassen der jungen Insulanerinnen Schranken auferlegt, sind die Ehen gewöhnlich sehr glücklich, die Frauen ein Muster ehelicher Treue und Pflichterfüllung.

Stirbt die Frau, so ist nach den Berichten der Novara der Witwer verpflichtet eine eventuell lebende Schwester seines verstorbenen Weibes zu heiraten, wie umgekehrt die Witwe ihren Schwager.

Auch das Erbrecht richtet sich nach der mütterlichen Seite, so daß die gesellschaftliche Stellung der Kinder durch die der Mutter bedingt ist[1]). Jedoch sind von den Kindern nur die der ersten und obersten Frau erbberechtigt.

---

[1]) Die Vererbung von Rang und Titel seitens der Mutter auf die Nachkommen, das sogenannte Mutterrecht, gehört den wenigen, jedoch folgenreichsten Überresten des agamischen Naturzustandes, jener schranken-

Eine besonders bevorzugte Stellung nehmen die Frauen auf den Mortlockinseln ein, wo sie im Stammesleben eine hervorragende Rolle spielen. Kubary schreibt dazu:

„Je mehr Frauen zu einem Stamme gehören, desto mehr Heiraten und Nachkommenschaft, desto größer demnach die Wahrscheinlichkeit seines sicheren Bestehens. Hieraus resultiert die bevorzugte Stellung der Frau, welche ihren Ausdruck darin findet, daß die älteste Frau des Stammes als dessen soziales Oberhaupt angesehen und mit besonderer Achtung behandelt wird".

Es ist die Mutter, welche die Stammeszugehörigkeit auf die Kinder vererbt, die für den Vater nach Kubary nicht zu seinem Stamme gehörende Fremde sind.

Bei der Eheschließung, die nur mit einer Frau aus einem andern Stamme vollzogen werden kann, werden keine besonderen Zeremonien beobachtet. In der Regel bietet der Bräutigam den bei der Annahme der Werbung ausschlaggebenden Personen, den Verwandten und dem Häuptlinge des Stammes, zu der die Frau gehört, Geschenke dar. Der Mann zieht mit zum Stamme der Frau und bearbeitet dort das ihr gehörige Land. Besitzt er in seiner Heimat Grund und Boden, so ist er verpflichtet die geernteten Feldfrüchte den Verwandten der Frau zu überlassen.

Auch auf Yap ist die Frau ausschlaggebend in der Vererbung von Rang und Titel. Kinder von Freien mit Frauen aus dem Sklavenstande sind wieder Sklaven und nur Sprößlinge von Frauen des freien Standes sind freie Kinder.

Der geschlechtliche Verkehr der Ledigen ist auch hier ein sehr freier. Kein Sittengesetz legt den jungen Insulanerinnen Schranken auf. Frei folgen sie den augenblicklichen Neigungen.

---

losen Vermischung von Allen mit Allen, an. Diese Erscheinung, die auf der ganzen Erde, in Polynesien, Afrika, Amerika, Asien, wie in Europa bei den Völkern des Altertums verbreitet ist, findet ihre Erklärung in dem Grundsatz:

Pater incertus, mater certa.

Auch als durch Einführung der geregelten Ehe die Vaterschaft ebenso sicher war wie die Mutterschaft, blieb noch lange Zeit für die familienrechtlichen Beziehungen die Mutter die ausschlaggebende Persönlichkeit.

Ist ein Mädchen zur Jungfrau herangereift, so entzieht es sich für längere Zeit den Augen der Männer. Indessen bekommt sie Zähne schwarz gebeizt als Zeichen der Heiratsfähigkeit. Ihrem freien Leben wird dadurch kein Abbruch getan. Sie setzt es fort, aber nur bis zu dem Augenblicke, wo ein Eingeborener sie durch Geschenke von ihrem Vater erwirbt und unter seine Frauen aufnimmt.

Bestattung und Geisterglauben.

Das eifrige Wirken der protestantischen Mission, die ungefähr die gesamte Bevölkerung von Kusaie zum Christentum bekehrt hat, ist vor allem die Ursache, daß die in vorchristlicher Zeit geübten Totengebräuche in der Hauptsache verschwunden sind und ihr gänzlicher Untergang nur noch eine Frage der Zeit bedeutet. Die uns überkommenen Nachrichten sind deswegen mit Vorsicht aufzunehmen.

Auf Kusaie wurden die Toten früher in Matten gewickelt und unter besonderen Feierlichkeiten begraben. Beim Ableben eines Großen wurde ein viertägiges Fest mit Tanz und Gesangaufführungen abgehalten, bei denen natürlich Schmausereien und Trinkgelage die unentbehrliche Zugabe bildeten. Grabdenkmäler sind auf der Insel nicht vorhanden, ein Umstand, der Kittlitz zu der Annahme verleitete, daß die Toten in Sümpfen versenkt würden. Ob die großen Mauern der in der Lagune liegenden Insel „Lele" Häuptlingsgräber bergen, ist nicht erwiesen.

Auch in Ponapé werden die Leichen in Schlafmatten aus Pandanusblättern eingepackt, verschnürt und der Erde übergeben. Nach der Angabe der Novara-Reise wurde der in Strohmatten (?) eingehüllte Körper im Hause einige Zeit bewahrt, während welcher die Angehörigen durch lautes Seufzen und Weinen bei Tag und durch Tänze bei Nacht ihren Schmerz ausdrückten und sich als Zeichen der Trauer das Kopfhaar abschnitten. Interessant und vielleicht von Wichtigkeit sind die Untersuchungen einiger Grabstätten Ponapés, deren Auffindung wir dem englischen Reisenden Christian zu danken haben. Es ist dies ein Begräbnisplatz bei Nantamarui, in der Landschaft Metalanim, im Süden der Hauptinsel. Gänzlich von der Vegetation überwuchert, finden sich hier hinter einer niedrigen Umwallung von Basaltblöcken 6 Gräber, auf einer erhöhten Plattform drei weitere, die alle nur die geringe Länge von 1,25—1,50 hatten.

Nach der Ansicht der heutigen Eingeborenen liegen hier Zwerge (Chokolai) begraben, die nach der Tradition vor der Invasion der Kannibalen die Insel bevölkerten.

Die Resultate der Grabuntersuchungen waren leider keine hervorragenden: außer vermoderten Gebeinen nur Überreste einer Muschelaxt und ein Steinmesser.

Von einer eigentlichen Religion kann auf Kusaie und Ponapé keine Rede sein. Der Religionskultus besteht in einer Verehrung der Geister der verstorbenen Vorfahren, wie denn auch Kubary erklärt, daß der Ponapése die Geister seiner tapferen Vorfahren anbete und ihren Schutz erflehe. Was Lütke über den angeblichen Gott der Kusaier „Sitel Nazuenziap“ (Kittlitz schreibt „Sitel na Çensap) und dessen Familie erzählt, hat nach Finsch mit der kusaieschen Religion durchaus nichts zu tun, sondern nur Bezug auf berühmte Vorfahren.

Diese Ani-Verehrung, verbunden mit einer Art „Totemismus“ ist, nach Christian, das Rückgrat des Ponapesenglaubens. Weiter schreibt er: „Every village, every valley, hill or stream, has its „genius loci“, every family its household-god, every clan its presiding spirit, every tribe its tutelary deity. Thunder, lightning, rain, storm, wind, fishing, planting, war, festival, harvest, famine, birth, disease, death — all these events and phenomena have their supernatural patron or master spirit. The gloomy fancy of the Ponapean peoples the swamp, the reef, the mountain and the hanging woods of the inland wilderness with hosts of spirits, some beneficent, the greater part malignant. All these Ani are honored under the guise of some special bird, fish or tree in which they are supposed to reside and with which they are identified etc.“

Diese schwungvollen Worte machen der glühenden Phantasie des Verfassers alle Ehre. Höchstwahrscheinlich ist in ihnen wohl nur die beredte Erklärung zu suchen, daß wirkliche Gottheiten nicht bestehen.

Trotz aller Bemühungen der Missionare, durch Vergessen

alter heidnischer Institutionen die Gemüter der Eingeborenen der neuen Religion zugänglicher zu machen, berichtet uns doch Kubary noch von einer geheimen, heidnischen Religionsgesellschaft „Dziamorou“ in Roankiti.

Sie bestand aus Häuptlingen und mehr oder weniger Eingeweihten, die erst nach einer mehrjährigen Probezeit und dann bestandenem Examen die volle Weihe empfangen konnten. Äußerlich waren sie kenntlich durch langes Haar, das nie abgeschnitten wurde, sondern nur abgesengt werden durfte. Gleich unsern Freimaurern zerfielen sie in verschiedene Grade, deren höchster in Roankiti durch den König und die nächsten Häuptlinge repräsentiert wurde. Einmal im Jahre kamen sie auf einem mit Steinwällen umgebenen „heiligen Platze“, dessen Betreten jedem Uneingeweihten bei Todesstrafe untersagt war, zusammen.

Die Dziamorous des Distriktes Metalanim feierten ihr Jahresfest in den Steinwällen der Insel „Nangutra“, in den Ruinen von Nanmatal. Hier befand sich ein Gotteshaus, das jedoch nur von den beiden Zauberern des Königs betreten werden durfte, während der Häuptling und seine Auserwählten sich vor demselben niederließen, um Kawa zu stoßen, wovon der erste Becher dem Gotte geweiht war. Vorher hatte eine Weihe aller in dem betreffenden Jahre verfertigten Kanoes stattgefunden, von denen ein für die Gottheit bestimmtes Fahrzeug unbenutzt im Hause des Häuptlings aufgehangen wurde. Nach den Kawaopfern ging es nach der Insel „Itel“, wo der riesenhafte, vergötterte Seeaal innerhalb einer fünf Fuß hohen und vier Fuß dicken Mauer leben sollte. Auf einem Steinaltare wurde eine Schildkröte geopfert, deren Eingeweide in der Behausung des Seeaals an einer besonderen Stelle niedergelegt wurden.

Da es ein Geheimbund ist, sind uns infolgedessen die Gebräuche desselben unbekannt. Nur soviel konnte Kubary in Erfahrung bringen, daß die Jahresfeste zum weitaus größten Teile aus Schmausereien und Kawatrinken bestanden. Finsch glaubt die religiöse Bedeutung dieser Dziamorous nicht allzu hoch anschlagen zu dürfen, denn wahrscheinlich handelte es sich nur um Festivitäten der Männer, die aus dem einfachen Grunde, die Weiber fernzuhalten, heimlich gefeiert wurden.

In den Zentralkarolinen werden die Toten in den größten Staat gekleidet, überreichlich mit Gelbwurz eingerieben und solange, wie eben möglich über der Erde gehalten. Während dieser Zeit wird geheult und gejammert. Dann wird die Leiche in Matten eingehüllt und in ein flaches Grab, mit dem Kopfe nach Osten, eingesenkt. Über dem Grabe wird ein Grabhaus errichtet, das nach den Mitteln der Verwandtschaft verschieden groß ist. Sobald es verfällt, wird es nicht wieder aufgebaut.

Eine nähere Beschreibung derselben gibt uns Kittlitz von Lukunor.

„Es sind der Bauart nach verkleinerte Nachahmungen der Häuser selbst: ein rechtwinkliges Dach mit gerader Firste ruht auf sehr niedrigen Stützpfeilern, die als Wände dienen; im Innern des Gebäudes aber befindet sich ein ganz ähnliches in abermals verkleinertem Maßstabe, welche die eigentliche Grabstätte zu sein scheint und gewöhnlich ganz verschlossen ist. Um die Wände dieses inneren Gebäudes sahen wir fast immer Kokosnüsse, die vielleicht als Opfer oder Gelübde hingelegt waren, auch über demselben ganze Reihen von alten Kokosflaschen und einzelnen Abschnitten dieser Schalen, die das Ansehen von Lampen hatten.“

Auch das Versenken der Toten ins Meer kommt in den Zentralkarolinen (Ruk, Hallinseln) vor. Auf Mortlock hingegen wird nur der in der Schlacht gefallene Krieger in der See begraben, damit er mit dem tapferen „Rassan“ Seegott sich verbinde.

Auch in diesem Teile der Inselgruppe gibt es in Wahrheit ebenso wenig einen Kultus wie eine Religion; was dafür gehalten wird, ist lediglich eine Verehrung der „Ani“, der verstorbenen Vorfahren.

Neben dem geringeren Ani des einzelnen und der Familie, giebt es solche des Stammes und der Häuptlinge, welche alle auf Vorfahren zurückführen. Außerdem bevölkert die Einbildungskraft auch der Zentralkarolinier die ganze sie umgebende Natur mit Geistern und Gottheiten, die wie auf Ponapé zum Teil in Gestalt großer Bäume oder Fische auftreten. Bei der immensen Zahl von Geistern ist es zu verstehen, wenn nur die Geister hochgestellter Persönlichkeiten, wie die der Häuptlinge, der Nachwelt im Gedächtnis bleiben und mit besonderen Namen belegt werden. Da den Häuptlingsgeistern naturgemäß der größte Einfluß zugeschrieben wird, so wendet sich der geringere Mann bei besonderen Gelegenheiten gern an diese, wozu er sich die Erlaubnis vom regierenden Häuptlinge erkaufen muß. Die Auskunft erteilt der Geist nur durch den Mund der Beschwörer, die, gleichzeitig Wahrsager und Zeichendeuter, auch in Krankheitsfällen zu Rate gezogen werden, aber keinen besonderen Stand einnehmen. Bei allen gewöhnlichen Angelegenheiten ruft der Insulaner die Geister seiner eigenen Vorfahren an, bevor er an die etwas kostspieligen Hauptgötter appelliert.

Wie schon erwähnt, erblicken die Zentralkarolinier gewisse Tiere als Schatten, Seele des Geistes (Ani). Doch man begnügt sich nicht damit, sondern verfertigt sich als deren sichtbare Repräsentanten Holzbilder, die meist einen Vogel darstellen. Derartige Schnitzwerke in Vogelgestalt finden sich in kleineren Darstellungen fast in jedem Hause aufgehangen. Auch andere Motive dienen zur Repräsentation des Geistes wie z. B. auf der Insel Fefan (Ruk) zwei Brotfrüchte an einem Pfeile befestigt, zugleich das Symbol der Fruchtbarkeit darstellend.

Derartige bildliche Darstellungen zählen allein in das Gebiet der Ahnenfiguren.

Auf Yap finden wir in der gewöhnlichen Bestattungsweise keine wesentlichen Abweichungen. Die Leichen werden erst, nachdem sie in Verwesung übergegangen, der Erde übergeben.

Stirbt ein Häuptling, so wird sein Leichnam in voller Ausrüstung auf ein Gerüst gebunden. Dann beginnt die Totenfeier, an der sich die befreundeten Häuptlinge, die Angesehenen des Stammes und die Angehörigen und Weiber beteiligen. Unter Lobpreisen der herrlichen Siegestaten des Verschiedenen und ohrenzerreißendem Jammergeheul der Klageweiber währt die Totenklage so lange, bis der Leichnam in Verwesung übergegangen ist. Die Überreste werden dann sorgfältig in Matten vernäht und auf einem Bergesgipfel — die Nähe des Meeres wird gemieden — in die Erde gesenkt. Mannbare Leute werden in sitzender Stellung und mit gekrümmten Knieen, jüngere Leute und Kinder hingegen stets liegend begraben. Vor dem frischen Grabe werden Kriegsspiele, Scheingefechte, auch Tänze von Angehörigen beiderlei Geschlechtes aufgeführt.

Über der Grabstätte wird ein Steinhügel errichtet, meist in Form einer Pyramide, die je nach der gesellschaftlichen Stellung der Verstorbenen mit mehr oder weniger Stufen geschmückt ist. So sah Miklucho-Maclay das Grabdenkmal eines Häuptlings, das 8 Stufen hatte, während das eines Sklaven nur eine Stufe zeigte.

Die Seelen der Toten gehen in die Körper der großen Eidechsen und der Aale über, die aus diesem Grunde unverletzlich sind. Tempel und dergleichen sind nicht vorhanden, doch gibt es eine Art Seher, oder Zeichendeuter „Matramat", die in hohem Ansehen stehen. Nichts wird von dem Yapinsulaner unternommen, ohne daß er nicht zuvor den Rat des Matramat[1]), dem infolge seines ständigen Verkehrs mit den heiligen, die Seelen der Geister repräsentierenden Tieren übermenschliche Kraft innewohnt, eingeholt hat. Als Vermittler zwischen den Menschen und der Gottheit und Ausleger des göttlichen Willens üben sie ganz bedeutenden Einfluß.

In engem Zusammenhange mit dem Totenkultus steht das „Tabu", die Bann- und Verbotsregeln, die vor allem in den Zentralkarolinen gepflegt werden. Diese zu verhängen ist alleiniges Vorrecht der Häuptlinge; doch ist es keineswegs ein blinder Ausdruck seines Willens, sondern nur eine politisch-ökonomische Fürsorge für den Stamm. So dürfen z. B. auf Beschluß der Häuptlinge die Früchte von Kokospalmen und Brotfruchtbäumen für gewisse Zeit nicht gepflückt werden, was zur Erholung dieser Bäume gewiß sehr nützlich ist.

Ebenso kann der Fischfang zuweilen unter „tabu" gestellt werden. Beim Tode eines Stammesgenossen wird über den Land-

[1]) Matramat, Matrmat oder Matemat, entsprechend dem polynesischen Worte „tabu" hat hier grosse Bedeutung. Die Aale in den Bächen und Teichen und die Mücken, welche sich bei einem gewissen grossen Felsen auf Uil in grosser Menge finden, sind durch den strengsten Matramat oder tabu geschützt. Das Töten eines solchen Tieres zieht unvermeidlich schweres Unglück nach sich.

besitz des Verstorbenen „Totentabu“ verhängt, welcher das Betreten desselben solange verhindert, bis der Häuptling das Verbot aufhebt. Je nach der gesellschaftlichen Stellung, die der Verstorbene inne gehabt hatte, kann sich ein derartiges „Trauertabu“ über einen geringen Teil des Landes, aber auch über eine ganze Insel erstrecken, zumal beim Tode eines Oberhäuptlings. Die ganze Bevölkerung ist dann von jedem Verkehr abgeschlossen, indem die an den Grenzen aufgepflanzten Tabuzeichen jeden Fremden vor dem Überschreiten derselben warnen.

Übertretungen der Tabuverbote finden strenge Ahndung und können den Verlust des gesamten Eigentums nach sich ziehen.

Vergnügungen.

Tanz und Gesang bildeten früher die Hauptvergnügungen der Karolinier und zwar beider Geschlechter.

Auf Kusaje sind heute an Stelle der einheimischen Gesänge Kirchenhymnen getreten, und Tänze sind ganz geschwunden. Letztere bestanden in gleichmäßigen Bewegungen der Arme und Körper und Stampfen der Füße. Dazu wurde gesungen und der Refrain des Gesanges von den zuschauenden Frauen wiederholt.

Tanzgeräte und Musikinstrumente waren unbekannt. Doch erwähnt Finsch die Muscheltrompete, aus Tritonium, die aber nur zum Signalblasen verwandt wurde.

Auf Ponapé sind Festlichkeiten die Hauptbeschäftigung der Insulaner, mit der sie den größten Teil des Lebens verbringen. In erster Linie handelt es sich bei derartigen Festivitäten um Schmausereien und Trinkgelage, doch finden auch Tanzaufführungen statt, die bei den jungen Leuten beiderlei Geschlechts sehr beliebt sind. Die ponapesischen Tänze sind durchaus dezent und bestehen wie auf Kusaie hauptsächlich in Stampfen mit den Füßen und gleichmäßigen Bewegungen der Arme und des Oberkörpers. Das Ganze wird mit Händeklatschen begleitet. Beide Geschlechter beteiligen sich an den Tänzen, wobei sie sich in einer langen Reihe gegenüberstehen.

An musikalischen Instrumenten kommen vor eine hölzerne Trommel und die Nasenflöte, doch wird zur Begleitung der Tänze nur die Trommel verwandt, da der Nasenflöte nur sehr schwach tönende Weisen entlockt werden können. In ihrer äußeren Gestalt gleicht die Trommel einer Sanduhr. Sie ist mit Haifischhaut überzogen und wird, an der linken Seite des Trägers hängend, mit den Fingern der rechten Hand zum Tönen gebracht. Der Trommler sitzt mit über das Kreuz geschlagenen Beinen auf dem Boden und begleitet die Trommelschläge mit eigenartigen Gesangesweisen. Die Nasenflöte ist eine kleine aus Bambusrohr angefertigte Flöte, welcher dadurch Töne entlockt werden, daß der Spieler das eine Ende derselben in das Nasenloch steckt und langsam bläst, während er mit den Fingern abwechselnd die kleinen Öffnungen an der Seite berührt.

Die eben erwähnte Trommel[1]) im Verein mit paddelförmigen Tanzbrettern, eine Vereinigung echt mikronesischer und melanesischer Geräte, spielen auf Ponapé bei den Tänzen, die in der Regel zur Vollmondszeit abgehalten werden, eine hervorragende Rolle. Die ruderförmigen, mit kleinen Quasten von Hibiscusfaser geschmückten Tanzpaddeln werden zwischen Daumen und Zeigefinger der linken Hand gehalten und mit der rechten in überaus schnelle Drehung versetzt, so daß man ein kreisendes Rad zu erblicken vermeint. Die Kunst besteht nun darin, abwechselnde Figuren hervorzubringen, die dem Tanze das Wirkungsvolle verleihen.

Auf den Zentralkarolinen sind gleichfalls Tanzaufführungen ein wesentlicher Bestandteil der häufig stattfindenden Festlichkeiten. Noch im Jahre 1886 klagt Logan (Missionar) über Ruk: „Die alten heidnischen Tänze sind sehr beliebt beim Volke und werden leider ohne und mit Erlaubnis der teachers (farbige Missionare) noch ausgeführt. Gymnastische Übungen, die zu dreiviertel nichts anderes als heidnische Tänze sind, nehmen bedauerlicher Weise in den Missionsschulen mehr Zeit weg und beschäftigen die Gedanken der Schüler viel lebhafter als wirkliches Studieren."

Einiges Nähere über diese von der Mission so hart bekämpften heidnischen Tänze erfahren wir durch Kubary.

---

[1]) Dieses Instrument kommt in ganz Mikronesien nur noch auf den Marschallinseln vor.

Zur Zeit der Brotfruchternte finden auf Ruk große Festlichkeiten (Parik) statt, die in Gesängen und Tanzaufführungen der männlichen Bevölkerung bestehen. Die Parikfestlichkeiten werden, wie Kubary annimmt, von den Häuptlingen nur auf Geheiß der Anu oder Geister angeordnet und deshalb werden diese während der Brotfruchternte stattfindenden Vergnügungen, an denen der ganze Stamm teilnimmt, als zu deren Ehren beobachtete angesehen.

Die Pariktänze sind verschiedenartig und tragen besondere Benennungen.

Der „Ananu"-Tanz, der einzige an dem das weibliche Geschlecht teilnimmt, ist indezent und besteht in der Versinnbildlichung des Geschlechtsverkehrs. In dem „Epegek" tanzen die Männer stehend ohne Tanzgeräte und hier besteht die Wirkung des Tanzes in zusammenstimmender Bewegung der Arme und Beine. In dem „Gurgur"-Tanze hingegen bedienen sich die Männer besonderer Tanzstöcke[1]) aus Orangenholz, mit denen sie verschiedene Bewegungen ausführen und unter fortwährender Veränderung der Körperstellung dem Takte nach gegeneinander schlagen. Die Kunst des Tanzes besteht in der Gleichmäßigkeit der Bewegungen, die wie üblich, von Gesang begleitet sind.

Die Festlichkeiten auf der Mortlock-Gruppe finden nur in den kurzen Worten Erwähnnng:

„An schönen Mondscheinabenden findet gewöhnlich „Urur" statt, d. h. eine gesellschaftliche Versammlung am Strande, an der sich die Jugend beiderlei Geschlechtes unter Gesang und Tanz oft ganze Nächte hindurch ergötzt; ein unschuldiges Vergnügen, das aber trotzdem von der Mission verboten wurde."

Tanzgeräte waren auch hier in Gebrauch, deren Bestehen wir aus Kittlitz Worten: „zierlich geglättete Stäbe, wie man sich ihrer bei Tanzfesten bedient" entnehmen.

Als einziges musikalisches Instrument wird die Nasenflöte benutzt, der schon oben näher gedacht wurde. In Ermangelung von Bambusrohr sind die Flöten in diesem Gebiete häufig aus

---

[1]) Diese Tanzstöcke aus Orangenholz, die an den Enden ausgekerbt sind, sind sehr wertvoll und werden nur von Häuptlingen benutzt. Das geringe Volk bedient sich gewöhnlicherer Stöcke als Taktschlägel.

den entmarkten Luftwurzeln der Mangroven hergestellt. Doch ist auch die Muscheltrompete (aus Tritonium tritonis) bekannt, die nach Kittlitz der Insulaner auf Seereisen als unentbehrliches Instrument stets bei sich führt.

Die Yapinsulaner sind ein heiteres Völkchen; infolgedessen erfreuen sich Festlichkeiten, bei denen Schmausereien und Tänze eine hervorragende Rolle spielen, sehr großer Beliebtheit. In den Tänzen kommt die ureigentümliche Art der Eingeborenen in markerschütterndem Geheul und tollen Sprüngen, die sich immer wilder gestalten und erst mit vollständiger Erschöpfung ihr Ende finden, in höchstem Maße zum Ausdruck.

Hernsheim berichtet von religiösen Tänzen, in deren begleitenden Gesängen die Geister um Regen, Brotfrucht, Fernhalten von Krankheiten und Kindersegen angefleht werden, Schaustellungen, die von unserm Begriffe „Tanz" weit entfernt sind.

Bedürfnisse und Arbeiten.

Die Nahrung der Karolinier ist vorwiegend vegetabilischer Art, wobei vor allem zwei einheimische Nutzpflanzen eine hervorragende Rolle spielen: der Brotfruchtbaum und die Kokospalme. Während auf den hohen Inseln vornehmlich der Brotfruchtbaum [1]) und die in gereglter Plantagenwirtschaft gezogenen Vegetabilien, besonders Taro, die Hauptnahrungslieferanten bilden, sind die Flachatolle durchweg auf Kokosnuß angewiesen.

Die reifen Früchte des Brotfruchtbaumes werden von den Eingeborenen auf eine eigentümliche Art konserviert, wohl zumeist aus dem Grunde einer eventuell eintretenden Hungersnot,

---

[1]) Die erste Kunde von Artocarpus incisa brachte Cook, der seine grosse Bedeutung für den täglichen Unterhalt der Eingeborenen würdigt, wenn er in seiner Weltreise sagt:

„Hat jemand in seinem Leben nur zehn Brotfruchtbäume gepflanzt, so hat er seine Pflicht gegen seine eigne und die nachfolgende Generation ebenso reichlich erfüllt, wie ein Bewohner unseres Kontinentes, der sein Leben hindurch während der Kälte gepflügt, in der Sonnenhitze geerntet und nicht nur seine jetzige Haushaltung mit Brot versorgt, sondern seinen Kindern noch etwas an baarem Gelde kümmerlich erspart hat."

die trotz der so reichen Natur zuweilen durch Naturereignisse herbeigeführt wird, vorzubeugen.[1]) Nach der Ernte werden die Früchte ihrer äußeren Schale entledigt, in kleine Stücke zerschnitten und in Gruben, die wohl eine Tiefe von drei Fuß haben, luftdicht verpackt und durch aufgelegte Steine gepreßt. Nach geraumer Zeit geht die Maße in Gärung über und bekommt das Aussehen von jungem Käse.

Auf diese Weise gelingt es den Eingeborenen die Früchte mehrere Jahre lang genußfähig zu erhalten. Geröstet gilt dieser durch die Zeit sauer gewordene Teig den Insulanern als beliebter Leckerbissen.

Nächst der Brotfrucht bildet der Taro, der auf Kusaie ebenso wie auf den Marschallinseln, in drei Arten (Arum esculentum, Arum sagittifolium, Arum macrorhizon) kultiviert wird, die wichtigste Nährpflanze der Bewohner der hohen Inseln. Die nahrhaften und wohlschmeckenden Knollen dieser Nutzpflanzen werden entweder geröstet genossen oder in ähnlicher Weise wie die Früchte des Brotfruchtbaumes zu einem Teige verarbeitet, der sich längere Zeit hält.

Als weitere Erzeugnisse des Plantagenbaues sind Bananen und Zuckerrohr, das von den Insulanern nicht als eigentliche Speise betrachtet, nur roh ausgekaut wird, zu erwähnen. Auf Ponapé und Yap werden außerdem Yamswurzeln (Diascorea) und Bataten oder süße Kartoffeln (Batatas edulis) angebaut, während auf Kusaie der Melonenbaum (Carica papaya), Ananas und Feige vortrefflich gedeihen. Auf den hohen Inseln der Ruk-Gruppe, die an Fruchtbarkeit erheblich hinter Ponapé und Kusaie zurückstehen, machen neuerdings weite Felder Wassermelonen und Kürbis, beide eingeführt, einen großen Teil der Anpflanzungen aus.

Geregelte Plantagenwirtschaft, die auf Atollen nur in seltenen Fällen betrieben wird, finden wir auf der Mortlockgruppe vor, wo Bananen, vor allem aber verschiedene Arten von Taro gebaut werden. „Die Pflanze (Taro), schreibt Kittlitz, kam uns nicht wesentlich verschieden vor von der kleineren Art der eßbaren

---

[1]) So verheerte im Jahre 1891 ein Orkan sämtliche Plantagen von Kusaie.

Caladien auf Ualan (Kusaie), die man dort „Katak“ nennt, sie gehört aber zu derjenigen Varietät, die einen besonders stark bewässerten Boden nötig hat. Daher sind auch hier die ziemlich ausgedehnten Anpflanzungen derselben, die man in den nächsten Umgebungen der bewohnten Inselstrecke findet, künstlich unter Wasser gesetzt durch ein System von sinnreich angelegten, kleinen Kanälen, mittels welcher das Regenwasser im Innersten der Insel in eine förmliche Sumpflache vereinigt wird.“

Trotz dieses Plantagenbaues und des überreichen Vorkommens von Brotfruchtbaum (auf Sotoan allein 18 verschiedene Varietäten) bildet für Mortlock, wie überhaupt für sämtliche Atolle die Kokosnuß, wenn auch nirgends im Überfluß vorhanden, das wichtigste Nahrungsmittel, da Taro und Brotfrucht nur zu gewissen Jahreszeiten die Ernte erlauben, die dann noch sehr häufig infolge von Dürre und Stürmen wenig bedeutend ist.

Die Kokosnuß, auf die die Mortlockinsulaner neun Monate im Jahre angewiesen sind, ist deswegen ein Gegenstand besonderer Sorge und wird mit den abfallenden Nüssen eine genaue Wirtschaft betrieben.

Bei der Fülle vortrefflicher Vegetabilien ist es erklärlich, wenn die animalische Kost der Karolinier, vornehmlich der Bewohner der hohen Inseln, keine bedeutende ist. Die untergeordnete Fleischnahrung besteht hauptsächlich in den Erzeugnissen des Meeres, in Fischen, Conchylien, Holothurien, Krusten und Schalentieren. Die größeren Fische werden geröstet, während die kleineren, auch Tintenfische und Holothurien, in rohem Zustande verspeist werden. Finsch erwähnt von Ponapé die hauptsächlichsten Nährmuscheln, die roh gegessen werden. Es sind: Cytherea (Cariatis) obliquata; Pana vitrea; Arca (Anadara) uropygmelana; Modiola australis; Lucina edentata; Psammobia (Psammotella) ambigua; Psammothaea elongata; Circe gibbia und Septifer bilocularis. Alle diese Arten leben im Schlamme von Brack- und Salzwasser mit Ausnahme von Perma vitrea, die die Wurzeln der Mangroven bevölkert.

Außer Fischen und niederen Meerestieren kommt im täglichen Leben Fleisch kaum in Betracht. Nur bei größeren Festlichkeiten, die auf Ponapé allerdings alle Augenblicke stattfinden, werden auf Kusaie, Ponape und Yap Schweine und auch Hunde als Festbraten benutzt. Besondere Vorliebe haben die Bewohner von Ponapé für Hundefleisch und darf es als das leckerste Gericht bei keinem Festessen fehlen. Deshalb wird auf dieser Insel die Aufzucht und das Mästen der Hunde mit großer Sorgfalt betrieben, eine Beschäftigung, der sich das weibliche Geschlecht mit Liebe und Aufmerksamkeit hingibt.

Von dem einzig nennenswerten Vogelwild: verwilderte Hühner und Fruchttauben (Carpophaga oceanica) gelten nur die letzteren und deren Eier auf den Zentralkarolinen als begehrte Leckerbissen, zu denen noch die schwarze Seeschwalbe (Anonus stolidus) und deren Eier gehören.

Seit Einführung der Feuerwaffen werden auch auf Ponapé und Yap die zahlreichen Fruchttauben und Wildhühner, von denen nicht feststeht, ob sie den Inseln eigentümlich oder nur verwilderte Haushühner sind, gejagt und zur Nahrung verwandt.

Die Kochkunst der Karolinier steht auf einer nicht besonders hohen Entwicklungsstufe. Die Zubereitung der Speisen, sowohl der vegetabilischen, wie der animalischen, geschieht auf der ganzen Inselgruppe in althergebrachter Weise vermittelst Rösten in heißen Sande oder zwischen heißen Steinen.

Schweine und Hunde werden nach sehr oberflächlicher Reinigung in Gruben, die mit heißen Steinen ausgelegt sind und mit solchen verdeckt werden, geröstet.

Die Bereitung der Nahrung wird durchweg von den Frauen besorgt, nur auf der Ruk-Gruppe fällt dieses Geschäft den Männern zu.

Die Mahlzeiten, zu denen Wasser und Kokosmilch nur in geringen Mengen getrunken wird, sind an keine feste Stunde gebunden.

Von den Reizmitteln auf den Karolinen, ist neben Tabak, der auf Yap schon vor der Begegnung mit den Weißen gebaut und auf dem ganzen Archipel als sehr beliebtes Tauschmittel geschätzt wurde und Betel, der aber nur auf Yap gebaut wird, eine Flüssigkeit zu erwähnen, welche die Insulaner aus der Wurzel der Kawa-Pflanze (Macropiper methysticum) gewinnen.

Im Unterschiede von der Zubereitung dieser Flüssigkeit auf

den polynesischen Inseln wird in Mikronesien die Wurzel als Kawa-Pflanze nicht im Frauenmunde zerkaut, sondern auf Steinen zerrieben. Die zerkleinerte Masse wird mit Wasser übergossen und in einem Bündel frischer Hibiscusfaser ausgepreßt. Die gewonnene Flüssigkeit hat eine bräunlich gelbe Farbe und ist nicht für den Geschmack europäischer Gaumen geschaffen.

Ein besonderes Zeremoniell wird bei den Kawagelagen nur insoweit gewahrt, als daß die erste Schale der Getränke dem gebietenden Häuptlinge gereicht wird.

Ein anhaltender und übermäßiger Genuß der Kawa hat einen trocknen Hautausschlag im Gefolge, der den ganzen Körper bedeckt. Bei der Heilung bleiben sichtbare Narben zurück, die den Stolz des alten Kawatrinkers bedeuten. Je mehr er davon besitzt, in desto höherem Ansehen steht er bei seinen Genossen.

Die Sitte des Kawatrinkens ist über alle Inseln des stillen Ozeans verbreitet. Es scheint den Völkern Polynesiens ebenso zum Bedürfnis geworden zu sein, wie das Betelkauen und der Palmwein den Malayen und Hindus, das Opiumrauchen und der Samschu den Chinesen, die Chicha den mexikanischen Volksstämmen und die Cola den südamerikanischen Indianern.[1])

Heute wird die Kawa nur noch auf Ponapé genossen. Auf Kusaie hat das Kawatrinken, das zu Beginn des vorigen Jahrhunderts noch in voller Blüte stand, aufgehört. Kittlitz erwähnt noch von dieser Insel die einem eingesunkenen Grabsteine nicht unähnliche Presse für den Saft der Kawawurzel, welche in den Häusern der Chefs vor den Feuerherden liegen.

Neben Kawa wird auf Ponapé noch ein anderes Berauschungsmittel „saurer Toddy“ aus dem Blütensafte der Kokospalme hergestellt, der aber auf Yap nicht bekannt ist. Wohl wird solcher Blütensaft hier zu einer Art Syrup eingekocht, der mit Wasser vermengt, ein Lieblingsgetränk der Insulaner ist.

---

[1]) Betel; ein Stimulant: Frucht der Areca-Palme mit Pfefferblättern und pulverisiertem Kalk.

Chicha (span. Tschitscha): „Bezeichnung für die aus Mais, Reis, Palmfrüchten etc. gewonnenen berauschenden Getränke.

Cola: Frucht von Cola acuminata, die wie Betel von den Indianern gekaut wird.

Wohnstätten.

Im Bau der Wohnhäuser, vorzüglich aber in der Aufführung öffentlichen Zwecken dienenden Versammlungshäuser entwickeln die Karolinier eine Kunstfertigkeit, die auf diesem Gebiete für ein Naturvolk eine in der Tat glänzende genannt werden muß. Wenn sie auch von ihrer hochgerühmten Geschicklichkeit als Verfertiger kunstvoller Boote ein gut Teil eingebüßt haben, aber doch noch bewundernswertes im Vergleich zu den übrigen mikronesischen, melanesischen und polynesischen Völkerschaften leisten, so stehen sie doch als Baumeister unerreicht an erster Stelle.

Unter den verschiedenen Typen mikronesischer Baustile fällt vor allem durch seine solide Bauart das Haus von Kusaie oder Ualan ins Auge, für das der schmale, in eine hohe Spitze auslaufende Giebel, und die sattelförmig eingebogene Firstlinie charakteristisch ist. Der Unterbau, der ein längliches Viereck darstellt, besteht aus Basalt oder behauenem Korallengestein. Auf diesem erheben sich die aus zusammengeflochtenen Rohrstäben gearbeiteten Wände, die sich an das von Pandanus oder Nipa (Sumpfpalme) Blättern bedeckte Dach, welches auf behauenen Pfosten von 6—7 Fuß Höhe ruht, anschließen. Der Giebel, der in der Regel 20—25 Fuß hoch gezogen wird, ist schief nach innen geneigt und am unteren Teile mit einem schrägen Vordach versehen. Die Querhölzer des Giebels, sowie die Dachträger sind mit grellen Farben unter denen rot vorherrscht, aber auch schwarz und weiß verwendet wird, bestrichen. Verbunden sind die einzelnen Teile mit Schnüren aus Kokosfaser, die zu prächtigen Mustern verschlungen werden.

Das Innere des Hauses, zu dem man durch eine niedrige, kaum mannshohe Öffnung in der Mitte der Vorderwand gelangt, ist zumeist durch Querwände in kleinere Abteile geteilt. Der Boden des Hauses, der aus mit Rohrstäben belegtem, gestampften Lehmboden besteht, ist so angelegt, daß die Feuchtigkeit nach allen Seiten hin abfließen kann. In der Mitte derselben befindet sich die Feuerstelle, eine mäßige, meist sehr sorgfältig mit flachen Steinen ausgemauerte Vertiefung, in der man einen großen Teil des Tages über den zum Backen der Nahrungsmittel erforderlichen Vorrat heißer Asche findet.

Zuweilen ist in der Nähe des Wohnhauses ein besonderes Kochhaus errichtet.

Die Länge eines großen Hauses beträgt 40—50, die Breite 20—25 Fuß. Das Ganze ist mit dem hohen Giebel ein sehr stattliches Gebäude.

Ältere Berichte erwähnen auch Versammlungs- und Gemeindehäuser, die bei weitem größere Dimensionen besaßen. Heute sind derartige Gebäude nicht mehr anzutreffen.

Die Umgebung der Häuser, die durch einen buntblättrigen Busch (Dracaena terminalis) staketenartig eingezäunt wird, ist eine sehr freundliche und reinliche.

Hausrat ist sehr wenig vorhanden. Auf Kusaie ist besonders beachtenswert ein Rahmengestell aus Rohrstäben, die mit Kokosfaser zusammengeschnürt sind und in unserm Sinne als Bettstellen gelten können. Diese Einrichtung ist jedoch ein Vorrecht der Wohlhabenden. Meist sind zum Schlafen Matten, aus Pandanusblättern zusammengenäht, in Gebrauch. Als Sitze dienen aus Pandanusfaser geflochtene Matten, die durch schwarz gefärbte aufgenähte oder eingeflochtene Hibiscusfaser hübsch gemustert sind.

Zum Aufbewahren von Lebensmitteln und sonstigen Habseligkeiten finden Körbe, die aus Pandanusblatt geflochten werden, Verwendung. Diese Körbe werden in den Hütten an einem besonderen an der Decke mit einem Stricke befestigten Gestell, das aus einem ungefähr 30 cm langen Stiele besteht, der am unteren Ende sieben Zinken trägt und über diesen eine runde hölzerne Scheibe als Schutzdach gegen die Verheerungen der Ratten, aufgehäuft. Schon Kittlitz gibt uns eine nähere Beschreibung dieses Hausgerätes: „Von der Mitte des Daches aber hängt ein langes mit einem oder mehreren hölzernen Haken versehenes Seil herab, das unten in vier Enden ausläuft. Diese tragen ein viereckiges, in horizontaler Lage schwebendes Brett, das durch Randlatten in einen flachen Kasten verwandelt wird, es hängt dem Boden nahe genug, um gewissermaßen den Dienst eines Tisches versehen zu können, obwohl das Ganze mehr wie ein Kronleuchter aussieht. An den Haken werden oft ganze

Fruchttrauben und andere Früchte verwahrt, die man so vielleicht am besten den Nachstellungen der schädlichen Ratten entzieht".

Auch die Häuser von Ponapé, die sich niemals in geschlossenen Siedelungen, sondern vereinzelt in Kokoshainen finden, haben eine dieser Insel eigentümliche Bauart.

Das Fundament in Gestalt eines länglichen Vierecks besteht aus Basaltstücken, die ziemlich regelmäßig bis zu Manneshöhe aufgeschichtet werden und nur mittels einer Leiter erreichbar sind. Auf diesem Unterbau sind Längs- und Querbalken angebracht, auf denen der Fußboden und die meist behauenen Dachträger ruhen. Die Wände, in denen mehrere Öffnungen gelassen sind, bestehen aus Rohrstäben, die aufs sorgfältigste mit Palmfaser verschnürt sind. Diese meist verschiedenfarbigen Schnüren, die zu kunstvollen Mustern verschlungen werden, finden bei den Ponapésen geradezu verschwenderische Benutzung, indem sogar die Dachträger, Längs- und Querbalken damit umwickelt werden. Zur Dachbedeckung dienen nicht wie gewöhnlich auf den übrigen Inseln Pandanusblätter, sondern die Blätter der „Otsch Palme" (Phytelephas macrocarpa), die an langen Stäben mit Palmrippen befestigt, auf dem Sparrenwerk festgebunden werden. Der Giebel des Hauses fällt senkrecht ab und ist mit schrägen Regendächern aus Palmblattstreifen versehen.

Das Innere des Hauses, das nicht wie auf Kusaie durch Querwände in mehrere Schlafabteile getrennt ist, starrt von Ruß, Rauch und Schmutz und ist der Aufenthalt für einen Europäer in demselben keine Annehmlichkeit. Der dort herrschende Geruch, wobei namentlich der von Curcuma widerlich prävaliert, gibt dem einer ostjakischen oder samojedischen Jurte nichts nach.

Zur Küche dient ein kleineres in der Nähe errichtetes besonderes Haus.

Die Größe eines Wohnhauses hat nach Schätzung ungefähr 30—40 Fuß in der Länge und 15—20 Fuß in der Höhe bis zur Giebelspitze.

Bei weitem größere Dimensionen weisen die in der Nähe des Wassers errichteten Gemeindehäuser auf, die nach der Wasserseite offen, zum Aufbewahrungsort der Kanoes dienen, die nicht allein am Boden stehen, sondern auch in größerer Zahl unter dem Dache hängen. Im Unterschiede von den Wohnhäusern ruhen die Dächer der Gemeindehäuser auf steinernen Mauern, während sie sich in der Bauart und im Material völlig gleich sind. Im Innern zieht sich zu beiden Seiten eine Estrade aus Rohrgeflecht hin, die zu Schlafplätzen für unverheiratete Männer dient.

Von dem schon an und für sich primitiven Hausgerät hat sich auf dieser Insel infolge des regen Schiffverkehrs nur weniges Originale erhalten.

Dazu gehören als hervorragendstes Erzeugnis ponapesischer Industrie Schlafmatten, die nicht geflochten, sondern genäht sind. Gewöhnlich haben diese Matten eine Länge von 3,30 m und eine Breite von 80 cm. Sie sind die bequemsten und praktischsten und deshalb die besten der ganzen Südsee; sie bilden die hauptsächlichste Ausstattung des Innern der Häuser. Wie auf Kusaie dienen Körbe, die jedoch aus Palmblatt geflochten und mit Tragbändern versehen sind, zum Aufbewahren von Lebensmitteln. Doch sind heute, wenigstens bei den wohlhabenden Eingeborenen, europäische verschließbare Holzkasten in Gebrauch.

Die Häuser der Zentralkarolinen, die gleichfalls nicht in geschlossenen Siedelungen, sondern vereinzelt liegen, von Kokospalmen umgeben, gleichen am meisten denen der Marschallinseln. Sie sind von sehr einfacher Konstruktion und bestehen im wesentlichen aus einem auf die Erde gesetzten Dache aus Pandanusblatt. In der Regel an beiden Seiten geschlossen, ist das Innere der Hütte nur durch eine kleine viereckige Öffnung zugänglich. In der Mitte der Hütte befindet sich im Boden eingelassen, die Feuerstelle, die jedoch nur dazu dient, der Mückenplage etwas Einhalt zu tun.

Gemeindehäuser sind in stattlicher Zahl vertreten. Jede Siedelung besitzt ein solches. Vom gewöhnlichen Wohnhause unterscheidet es sich in der Hauptsache nur durch größere Dimensionen, die 12 m Länge, 8 m Breite und $6^1/_2$ m Höhe sind. Auch schließt das Dach meist nicht mit dem Boden ab, sondern ist etwas darüber erhoben. An manchen Orten nur ein offener Schuppen, bietet es notdürftigen Schutz gegen die Unbilden des Wetters. In der Hauptsache ist es der Schlafplatz für die unverheirateten männlichen Eingeborenen, deren Zahl infolge der geringen Bevölkerung keine allzugroße ist. Doch finden auch wichtige Staatsgeschäfte hier ihre Erledigung; alle Besuche werden in diesem Gebäude empfangen und untergebracht. Das Innere dieser Gemeindehäuser bietet nicht die geringsten Bequemlichkeiten. Es ist ein leerer Raum, dessen Boden mit losen Kokosblättern bedeckt ist.

Das Gemeindehaus auf Ruk weist eine geringe Abweichung von der mortlockschen Bauart auf. Das Dach reicht nicht bis zur Erde herab, sondern ruht auf 1 m hohen Pfählen. Die dadurch entstehenden Seitenöffnungen sind unverschlossen. Zur Dachbedeckung werden nicht Pandanusblätter, sondern „Epi“ Blätter, (wahrscheinlich Phytelephas) verwendet.

„Von Gerätschaften und wohnlicher Einrichtung, schreibt Kubary von Mortlock, ist kaum eine Spur vorhanden. Die wenigen Gerätschaften oder Sachen der Eingeborenen sind überall dem Auge zugänglich aufgehangen, entweder frei oder in kleine Körbe oder Bündel eingepackt“.

Außer Schlafmatten, von denen die Rukscbe Industrie nur zwei Sorten liefert — eine zum täglichen Gebrauch, eine zweite zum Einwickeln der Leichen — und Körben aus Pandanusblatt zum Aufbewahren und Tragen von Lebensmitteln, sind als charakteristisches Stück dieses Gebietes, von Ruk Schlafvorhänge zu erwähnen, die aus lose gewebten, grobfaserigen Zeugstücken bestehend, die bemittelten Insulaner vor der schrecklichen Plage der Mosquitos schützen. Diesem Gebiet eigentümlich sind Deckelkisten aus Brotfruchtbaum, die zur Aufbewahrung der Gelbwurz und sonstiger Wertsachen aus Schildpatt und Muschelschalen dienen, aber nur in Häusern wohlhabender Eingeborenen anzutreffen sind. Sie werden in den verschiedensten Größen angefertigt und haben meist eine länglich viereckige Form. Verfertigt werden diese Truhen [1]) hauptsächlich auf der Insel Oneop

[1]) Nahe verwandt mit den Deckelkisten von Mortlock sind die von Nuknor. Nur sind sie durchgehend kürzer und haben einen höheren Deckel. Sie dienen hier zum Aufbewahren der Fischereigerätschaften.

in der Lukunor Lagune, um von hier als Tauschartikel nach Sotoan verhandelt zu werden.

Die Häuser der Insel Yap unterscheiden sich von den übrigen durch einen ganz abweichenden Baustyl, der durch zwei lange und vier schräge, kurze Seiten für jene Insel charakteristisch und eigentümlich wird. Das ganze Haus würde daher im Querschnitt ein längliches Sechseck bilden. Als Fundament dient ein steinerner 80 bis 90 cm hoher aus Korallengestein aufgeschichteter Unterbau. Der auf den Seitenpfosten ruhende Dachstuhl ist hoch und steil und mit grobgeflochtenen Matten aus Kokospalmblättern, die ziegelartig übereinander festgebunden sind, gedeckt. Hölzerne, kreuzförmige Gabeln, oben über den Giebel gelegt, pressen die Deckmatten an die Balken und verhindern Beschädigungen durch den Wind. Die Wände zwischen den Seitenpfosten sind aus dünnem Rohrgeflecht hergestellt, in denen rings um das Haus verschiedene, viereckige Öffnungen frei bleiben, um zugleich Fenster und Tür zu vertreten. Besonders auffallend ist die Breitseite gestaltet, indem ein den Giebelbalken stützender Pfeiler, der in der Mittellinie des Hauses aufgerichtet ist, den Giebel zugespitzt vorspringen läßt. Charakteristisch für die Wohnhäuser von Yap sind von der Giebelspitze und den Seiten des Daches herabhängende Muscheln (Ovula ovum).

In großer Zahl sind auf Yap die Gemeindehäuser vertreten. Meist am Strande auf breiten ins Wasser hineinreichenden Steinpieren errichtet, bilden sie vor allem den Versammlungsplatz und den Schlafraum der waffenfähigen jungen Leute. Auch wichtige Beratungen hält man auf den vor den Häusern liegenden Terrassen ab, wo Basaltsäulen als Sitzplätze in die Erde eingelassen sind. In Kriegszeiten bildet das Gemeindehaus eine kleine Festung, die von drei Seiten mit Wasser umgeben, einen guten Schutz gewährt.

Die Dimensionen eines solchen Versammlungshauses betragen: 22,5 m Länge bei 9 m Breite und 8 m Höhe.

Praehistorische Bauten.

Von besonderem Interesse sind für die Forscher von jeher die praehistorischen Steinbauten auf einigen Karolineninseln gewesen, um so mehr als ihr Ursprung mit dem Schleier des Geheimnisvollen umgeben scheint.

Es muß ehedem ein anderer Geist in diesem Volke gelebt haben. Auf mehr denn einer Insel sieht man Bauten errichtet, an deren Ausführung sich die heutige Generation gar nicht heranwagen würde, deren Ursprung in weit entfernte Zeiten zurückgelegt werden muß, da man heute selbst ihres Zweckes sich nicht mehr erinnert.

Die Ruinen der Insel Kusaie liegen zum größten Teile auf dem ihr im Osten vorgelagerten Eilande Lele. Die Ruinenstätte die einen Flächenraum von ungefähr 14 ha bedeckt, befindet sich auf der westlichen Hälfte der Insel und ist mit einer überreichen Vegetation von Moos, Kletterpflanzen, Farnen bis zu gewaltigen Bäumen überwuchert. Die Mauern, die aus rohen, unbehauenen Basaltblöcken, zwischendurch aus abwechselnd längs und quer übereinander geschichteten Basaltprismen bestehen, schließen bald enge Gänge, bald viereckige und mit flachen Basaltplatten belegte Höfe ein. Auch findet sich im Norden der Ruinenstätte ein mit hohen Mauern eingefaßter Kanal, der zum Meere führt. Die Dimensionen dieser Mauer, in denen ein einzelner Block 3,25 m lang, 2,5 m breit und 0,75 m hoch ist, sind sehr verschieden von 2—30 Fuß Höhe und bis an 40 Fuß breit. Das gewaltigste dieser Riesenmauerreste ist wohl ein Stück am großen Kanal mit einer Höhe von 30 Fuß und einer Breite von 40 Fuß.

Wie auf Kusaie finden sich auch auf Ponapé diese Bauwerke nicht auf dem Festlande, sondern auf den in der Lagune vorgelagerten Eilanden. Zwischen der Laguneninsel Tomun und dem Barrièreriff dehnt sich ein Gewirr winziger Inselchen und Riffe aus, die etwa 80 an der Zahl alle von Basaltblöcken zu regelmäßigen Vierecken und Parallelogrammen verschiedener Größe eingeschlossen sind. Insgesamt bedecken sie einen Flächenraum von 800 000 engl. □ Yards = 417,926 □ Meter = 41,8 ha.

Das ganze Feld heißt Nan-Tauatsch nach dem größten und bemerkenswertesten Bauwerke. Die einzelnen Vierecke mit einer Seitenlänge von 60—100 Fuß und mehr, liegen meist dicht gedrängt aneinander, so daß ein Netzwerk von schnurgraden Kanälen entstanden ist, deren Breite zwischen 10—80 Yard variirt. Die

Bauart ist roh und beschränkt sich auf das Zusammenlegen des von der Natur fertig gelieferten Materials. Gewöhnlich erhebt sich ein einfach gebautes Viereck 5—6 Fuß aus dem Wasser. Der innere Raum ist mit Korallenblöcken zu einer Plattform ausgefüllt, deren Oberfläche in der Regel mit Basaltsäulen gepflastert ist. Von den 80 Ruinen haben drei Vierteile dieses Baustadium nicht überschritten. Nur einige wenige besitzen noch weitere Bauten auf der eben erwähnten Plattform, von denen vor allem Nan Tauacz, auf das in folgendem näher eingegangen wird, besondere Erwähnung verdient.

Nan Tauacz ist das bedeutendste und am vollständigsten erhaltene Bauwerk. Auf einer viereckigen Plattform, die 5 bis 6 englische Fuß das Wasser überragt, erhebt sich mit einer Höhe von 25—32 Fuß ein Mauerviereck, deren Längsseiten 212 Fuß, die Breitseiten 181 Fuß messen. In diesem eingeschlossen, liegt ein zweites Mauerviereck, jedoch mit weit geringerer Mauerhöhe (15 Fuß) und Mauerdicke (6 Fuß). Der Innenraum beider Bauwerke ist zugänglich durch offene, nicht überwölbte Eingänge, die je nach dem Umfange des Mauervierecks größere oder geringere Breite besitzen. (14 Fuß und 10 Fuß). An die inneren Umfassungsmauern beider Vierecke sind 5 Fuß hohe Terrassen angebaut, die jedoch nicht permanent der Wand entlang laufen, sondern an einzelnen Stellen auf kurze Zeit unterbrochen sind. Vier 5 Fuß hohe Querwälle teilen den äußeren Raum in vier von einander getrennte Räume. In der Mitte des innersten Hofes befindet sich ein Gewölbe aus Basaltsäulen, dessen Boden etwas niedriger als das Niveau des Hofes liegt und nur mit Korallengruß und Basalt bedeckt ist. An drei Seiten ist es von zwei Terrassen, einer niedrigen und einer höheren umschlossen. Zwei weitere Gewölbe, die jedoch von geringerem Umfange sind, birgt der zweite Hof. Die Wände dieser Zellen sind aus regelmäßigen fünf- oder sechsseitigen Basaltsäulen hergestellt, die abwechselnd quer und längs aufgeschichtet wurden. Die freibleibenden Zwischenräume wurden mit Trümmergestein von Korallen ausgefüllt. Den Deckenverschluß bildeten gleichfalls Basaltsäulen.

Daß es sich bei diesen Gewölben um Grabkammern handelt, liegt klar zu Tage, zumal sich beim Öffnen derselben Reste von

Skeletten, auch Schmucksachen und Gerätschaften, wie Conusarmbänder, Fischhaken, Muscheläxte gefunden haben, die durchaus mit den modernen Arbeiten der heutigen Karolinier übereinstimmen. Weiterhin steht auch außer Frage, daß der ganze Komplex von Nan Tauacz ursprünglich eine befestigte Inselstadt, ein Venedig im Kleinen gewesen ist, deren Wohnstätten die aus dem Wasser hervorragende Plattform zum Fundament gehabt haben. Somit müßten auf Tauacz die Mauerüberreste in alter Zeit überdacht gewesen sein, eine Annahme, die mit Rücksicht auf die gewaltigen Dimensionen dieser Mauerreste für den ersten Blick seltsam klingt, in Wirklichkeit durchaus nicht so ungeheuerlich ist. Denn noch heute finden wir auf den Gilberts Versammlungshäuser, welche an Umfang die äußersten Umfassungsmauern von Nan Tauacz noch übertreffen.[1]) — Bei dieser Auffassung ist auch der Zweck der Terrassen, die an der Innenseite der Umfassungsmauern errichtet sind, erklärlich. Sie sind nichts anderes, als Fundamente zu Schlafplätzen, wie wir sie noch heute in den Versammlungshäusern verschiedener Distrikte finden.

Da diese gewaltigen Steinbauten nur vermittels Kanoe erreichbar sind, ist man auf den Gedanken gekommen, daß dieser Zustand zur Zeit der Herstellung nicht bestanden habe, infolgedessen eine Senkung[2]) der ganzen Insel angenommen werden müßte.

Die neueren Forschungen haben jedoch ergeben, daß von einer Senkung nicht die Rede sein kann, wovon neben der Tradition die Anlage[3]) selbst deutliches Zeugnis ablegt. Beides, Tradition wie Anlage, ließ Kubary die wohlbegründete These aufstellen: „Die Ruinen Ponapés können keinen Beweis für die Senkung der Insel abgeben, sondern zeigen auf's evidenteste, daß sie Überreste resp. Anlagen eines Wasserbaues sind."

---

[1]) Finsch fand auf den Gilberts im Dorfe Butaritari Versammlungshäuser von 250 Fuß Länge und 144 Fuß Breite.

[2]) Darauf basierte Darwin zum Teil mit seine Theorie der Senkung gewisser Gebiete im westlichen Pacific.

[3]) Die Höhe der Steininseln ist eine solche, daß ein Kanoe bei Hochwasser gerade bequem anlegen kann, um Personen zu landen; auch sind die Kanäle überall gleich tief, bei Ebbe fast trocken, bei Flut einen Faden tief.

Das Material zu diesen Bauten, für welche die Bezeichnung „Ruinen“ durchaus nicht zutreffend ist, die aber von üppiger Vegetation bedeckt, einen unbedingt ruinenhaften Eindruck hervorrufen, stammt aus dem nördlichen Teile der Hauptinsel (Ponapé) oder von der Laguneninsel „Chokach“, auf der der Säulenbasalt in besonders schöner Form auftritt. Beim Transport dieser Blöcke, von denen schon die weniger umfangreichen das erhebliche Gewicht von 70 Zentnern übersteigen, mußte immer ein Weg von 20—30 Meilen bis zum Bestimmungsort zurückgelegt werden. Noch heute ist es uns möglich, an den großen Mengen von Basaltblöcken, die auf dem Grunde der Lagune verstreut liegen, den Weg zu verfolgen, den die Fahrzeuge der Erbauer, mit der Riesenlast beschwert, genommen haben. Es ist ein schweres Stück Arbeit gewesen und mancher der Riesenblöcke von den Kanoes oder Flößen in die Fluten gestürzt.

Nach der Meinung der heutigen Ponapésen sind es verloren gegangene Netzsenker, die im Laufe der Zeiten zu größeren Blöcken angewachsen seien.

Erbauer der Steinmonumente.

Über die Erbauer dieser für diese Zeit und die zu Gebote stehenden Hilfsmittel, in der Tat hervorragenden Basaltwerke sind die widerstreitendsten Ansichten laut geworden. Den Eingeborenen selbst, die sie eben als vorhanden hinnehmen, bereitet ihr Ursprung kein großes Kopfzerbrechen. „Von wem aber, schreibt Hernsheim, und zu welchem Zwecke diese Cyklopenarbeiten geschaffen sein mögen, darüber belehrt uns noch nicht einmal eine vage Überlieferung; sie sind einfach, und daß sie sind, verursacht dem Kusaier nicht mehr Verwunderung, als ein Felsabhang, ein Berg, ein Quell.“

Vom Schleier des Geheimnisvollen umgeben, mußte auch eine recht fantasievolle und außergewöhnliche Deutung aufgetischt werden.

Man hat in diesem mikronesischen Venedig eine ehemalige Stadt einer zivilisierten Nation, eine Feste spanischer Seeräuber, die man auch zu Erbauern stempelte, erblicken wollen und zur

Bestätigung dieser fantasievollen Erklärung den seltsamen Fund einer kupfernen Kanone angeführt. Das Hauptmoment aber, das zu dieser durchaus irrigen Hypothese, der auch Kubary entgegentritt, verleitete, war die prismatische Beschaffenheit des zu den Bauten verwandten Basalts, der von Unkundigen als bearbeitet und aus einem zivilisierten Lande herbeigeschafft, angesehen wurde.[1])

Die einfache und plausible Erklärung, die Wasserbauten als Arbeiten eines früheren, wenn auch an Kopfzahl umfangreicheren Geschlechtes hinzustellen, schien den meisten zu wenig glaublich. Das Gewand des Geheimnisvollen mußte gewahrt bleiben. Kubary, dem wir wohl die beste Aufnahme der Ruinen zu danken haben, gefällt sich in der Annahme einer geheimnisvollen Urrasse. Ausdruck gibt er derselben in den Thesen:

„Die Steinbauten sind von einer der heutigen Ponapébevölkerung verschiedenen Rasse aufgeführt."

„Die Erbauer Nanmatals (Nan Tauacz) gehörten zur Negerrasse und die heutige Bevölkerung ist eine Mischlingsrasse."

Die Unhaltbarkeit[2]) dieser Hypothesen wird erst bei näherer Betrachtung des Beweismaterials, das auf das Prädikat „armselig" in vollem Umfange Anspruch hat, ins rechte Licht gerückt. Es gründet sich auf zwei Messungen[3]) von in den Grabgewölben der

---

1) Kubary schreibt: Die vielfach geäußerte Ansicht, die Ruinen seien Überreste von spanischen Piraten erbauter Festungswerke, entbehrt jeglichen Halts. Das Auffinden einer spanischen Kanone im Jahre 1839 durch H. M. S. Larne beweist weiter nichts, als daß die Nachricht von dem Scheitern eines großen Schiffes auf der Ant-Insel, lange vor der Wiederentdeckung der Seniavininseln durch Lütke 1828, begründet ist und daß wahrscheinlich eine an Bord gewesene Kanone von dort nach Roankiti gebracht wurde.

2) Kubary hat Finsch gegenüber mündlich die Unhaltbarkeit seiner Thesen zugestanden, mit dem Bemerken, daß er damals überhaupt nicht verstand Schädeldecken zu messen.

3) Ausgegrabene Schädel: Länge 181 mm, Breite 127 mm.

Heutiger Native-Schädel: Länge 170 mm, Breite $135^1/_2$ mm.

Im übrigen bezeichnet Dr. Krause 9 Schädel heutiger Ponapésen, die in der Länge von 170—189 mm, in der Breite von 125—135 mm schwanken, mit Ausnahme eines einzigen als dolicocephal. (K. M. G. S. 654 und 655.).

Ruinen aufgefundenen Schädeln, die den heutigen Schädeln der Ponapésen gegenüber eine Größendifferenz von 11 resp. $8^1/_2$ mm aufweisen und die Dolicocephalität der Urrasse bezeugen sollen.

Auch japanische Einflüsse sind geltend gemacht worden, die Christian in einem Vortrage vor der Londoner Geographischen Gesellschaft vertrat, die aber in der späteren Diskussion verworfen wurden. Allgemein aber kam die einzig ungekünstelte Ansicht zum Ausdruck, daß die Steinmonumente nur die Voreltern der jetzigen Bewohner zu Erbauern haben könnten.

Der Trieb zu Steinbauten hat sich ja bei den Bewohnern der meisten hohen Inseln, die zu diesem Zweck Material in überreicher Fülle bieten, noch heute erhalten. Charakteristische Reste jener Sitte finden wir in dem Unterbau der Häuser. Auch sind auf Yap und Kusaie die meisten Gärten und Erhöhungen mit Mauern eingefriedigt, die Wege mit Steinplatten belegt.

Daß von einem verschwundenen Kulturvolke als Erbauer nicht die Rede sein kann, bezeugt mit der Umstand, daß zu Lütkes und Kittlitz Zeiten, die in den Jahren 1827 und 1828 die Karolinen zum Felde ihrer Forschungstätigkeit gewählt hatten, die Bauwerke ihren Beruf erfüllten und bewohnt waren, was heute von einzelnen Inselchen noch der Fall ist.

Dazu kommt, daß die in den Gewölben aufgefundenen Schmuckgegenstände und Gerätschaften in keiner Weise von den modernen Erzeugnissen der karolinischen Industrie abweichen.

Wie es den Insulanern möglich gewesen ist, Steinmassen von solch ungeheurer Schwere zu bewegen und zu einer immerhin nicht unbeträchtlichen Höhe aufzuschichten, bleibt eine offene Frage. Soviel ist gewiß, daß die Herstellung dieser Bauwerke nur mit Hilfe einer in die Tausende zählenden Bevölkerung und einer geradezu unglaublichen Geduld bewerkstelligt werden konnte.

Industrie.

Unter den verschiedenen Industriezweigen der Karolinier ist als besonders charakteristisch die Buntweberei zu erwähnen, die auf Kusaie eine Vollkommenheit erreicht, welche in der Südsee nicht wieder anzutreffen ist.

Vor allem interessant sind die in diesem Gewerbszweige verwendeten Gerätschaften, unter denen ein eigentlicher Webstuhl fehlt. Bei ihrer Einfachheit sind es doch sinnreiche Erfindungen, an denen zweifellos die Frauen großen Anteil haben, liegt doch die Weberei, sowie die Zubereitung des Materials in ihren Händen.

Das Produkt dieser Weberei sind ausschließlich Bekleidungsbinden.

Als Material dient die Faser einer kultivierten Bananenart, die durch Klopfen und Schaben zum Gebrauch hergerichtet wird. Sie liefert haarfeine, leicht zerreißbare Fäden, die von der Spinnerin mit erstaunlicher Fertigkeit, je drei zu einem Faden, der indes nicht die Dicke unseres Zwirnes, aber eine größere Festigkeit besitzt, mit der flachen Rechten zusammengeflochten werden. Dabei nimmt sie eine, den Kusaierinnen eigentümliche Sitzweise ein. Auf den Knieen hockend, die Unterschenkel nach auswärts gebogen, läßt das Mädchen auf ihrem braunen Oberschenkel, auf dem sie die helle Faser besser sehen und greifen kann, den Faden mit wunderbarer Geschwindigkeit durch die Finger gleiten. Die weitere Bearbeitung der Fäden besteht im Färben,[1]) gewöhnlich in 3 Farben, schwarz, rot und gelb. Nach der Einfärbung ist der wichtigste Teil des Gewebes, die Kette herzurichten, wozu ein in sinnreicher Weise verfertigter Kettebock dient. Er hat ungefähr die Form einer Bank, bestehend aus einem dreieckigen Holzblock (80 cm lang; 11 cm breit, ungefähr ebenso hoch), der an beiden Seiten durch seitlich ausgeschweifte, oft in bunten Farben reichlich verzierte Füße (ungefähr 34 cm hoch und 23 cm breit) gestützt wird. In den Block sind sieben am unteren Ende mit Querriegeln versehene 13 cm lange Pflöcke eingelassen, die zur Aufmachung der Kette dienen, indem die Fäden zwischen die Querriegel und um die Pflöcke geschlungen werden. Das Haupt-

---

[1]) Die schwarze Farbe ist ein Produkt aus gebrannten Nüssen des Gummilackbaumes, während rötlich-braun aus der zerstückten, pulverisierten Rinde des Mangrovebaumes dargestellt wird. Die gelbe Farbe liefert die Curcuma Wurzel, mit deren Saft sich die Eingeborenen bekanntlich je nach der Heimat den Körper teilweise oder ganz einreiben und infolgedessen eine übelriechende Atmosphäre um sich verbreiten.

stück des Kettebocks befindet sich zwischen den beiden ersten Pflöcken in Gestalt eines Hecks, bestehend aus zwei dünnen Längsstäbchen und 9 noch feineren Querstäbchen, die aus den Rippen des Kokospalmblattes hergestellt sind. Dieses Heck ist für die Weberin der Maßstab, an dem sie die Länge der aufeinanderfolgenden farbigen Fäden zusammen mißt, und die Enden mit großer Geschicklichkeit aneinander knotet.

Die eigentliche Weberei erfordert dann keinen Webstuhl, sondern nur einige höchst einfache Gerätschaften: Webebretter, länglich viereckige Bretter, auf der Vorderseite flach, auf der Rückseite sanft gewölbt; Webestäbchen, Webeleisten und ein besonders wichtiges Gerät, die Webelade, die unsere Lade oder das Ried ersetzt. Es ist ein flaches, stumpf zugespitztes, an den Längsseiten stumpfkantiges Holz, das zum Fachbilden und zum Ausschlagen des Schlußfadens dient.

Der Webeprozeß geht nun in folgender Weise vor sich:

Die fertige Kette wird über zwei Bretter geschlagen, von denen das eine an der Hauswand befestigt ist, während das zweite sich am Gürtel der auf der Erde kauernden Weberin befindet. Indem sie nun die Webelade auf die hohe Kante setzt, heben sich die Fäden hoch genug, um das Webeschiffchen mit dem eingeschlagenen Faden durchschieben zu können. Hierauf wird die Lade wieder flach gelegt und mit ihr der durchgesteckte Schlußfaden angezogen.

Das Verfahren ist sehr zeitraubend wegen der enormen Knotenknüpferei der Kette. Man bekommt erst ein anschauliches Bild von der Geduld und dem Fleiße der Weberinnen, wenn man weiß, daß zu einem einzigen 19 cm breiten Gürtel 300 Kettenfäden, die bei einer Endkante von je 57 cm 23 mal zusammengeknotet sind, nicht weniger als 15 840 Knoten gehören.

Das eigentliche Zentrum der Weberei sind die Zentralkarolinen (Mortlock, Ruk usw.) und ist es vornehmlich Ruk, das besonders zur Ausdehnung dieses Industriezweiges beigetragen hat. Ebenso wie auf den östlichen Karolinen liegt die Ausübung der Webeindustrie ausschließlich in den Händen der Frauen. Als Rohmaterial findet auf Mortlock die Faser von Hibiscus Verwendung, während auf Ruk auch die Fasern einer Musa-Art[1]) benutzt werden.

Zur Herstellung der zum Weben brauchbaren Faser wird die rohe Rinde in Wassergruben aufgeweicht, gereinigt, in der Sonne gebleicht und gespalten.

Außer den dem Material eigentümlichen Färbungstönen, finden wir als weiteren Farbenton nur schwarz vor. Der Farbstoff ist in den Tarofeldern gefundene Schlammerde, in der nach vorhergegangener Behandlung mit Kalk die zu färbende Faser gekocht wird. Doch kommt zuweilen eine blaßgelbe Färbung der Gewebe vor, die wohl von einer Curcuma Lösung herrührt.

Die Technik der Weberei gleicht der von Kusaie bis auf geringe, kaum erwähnenswerte Unterschiede. Auch findet sich durchweg Übereinstimmung iu den Gerätschaften, die nur bedeutend größere Dimensionen besitzen, entsprechend dem Umfange der Erzeugnisse der Industrie.

Die Länge und Breite dieser Zeugstoffe, die nicht nur für den eigenen Bedarf, sondern besonders für den auf dieser Gruppe sehr lebhaften Tauschhandel hergestellt werden, differiert von den Zentralkarolinen innerhalb der in nachfolgender Tabelle vermerkten Zahlen:

Länge	1,90—2,20 m	Breite	47—67 cm	Mortlock
„	1,90—2,20 m	„	47—55 cm	Ruk
„	1,60—2,00 m	„	60—65 cm	Nukuor
„	1,30—2,60 m	„	40—60 cm	Uleai
„	1,20—1,60 m	„	35—45 cm	Uluti

Was Qualität und besonders das Muster anlangt, finden sich bei den Erzeugnissen von Mortlock und Ruk ziemlich auffallende Abweichungen. Die Zeugstoffe Mortlocks haben infolge der Verwendung von Hibiscusfaser ein zähes, grobes Gewebe, dem auf Ruk durch gleichzeitigen Gebrauch der feineren Bananenfaser abgeholfen wird.

Da die karolinische Weberei ohne Vorlage nach eignem Gutdünken arbeitet, ist es erklärlich, daß die Muster ein individuelles

---

[1]) Nach Kubary können die Musafasern, wenn sie auch nicht unbekannt sind, doch wegen des geringen Vorkommens auf Ruk nie eine Rolle gespielt haben.

Gepräge tragen und der Variation in den Details ein weiter Spielraum gegeben ist.

Die farbig gemusterten Gewebe werden in den Zentralkarolinen ausschließlich von Frauen getragen, während die männliche Bevölkerung nur einfarbige, darunter ganz schwarze zur Bekleidung wählt.

Kanoe-Bau.

Wie dem Hausbau, so haben die Insulaner der Herrichtung ihrer Kanoes, dem einzigen Mittel unter einander in Verkehr zu treten, ganz besondere Sorgfalt zugewendet und als Naturvolk großes geleistet.

Der Schiffsverkehr der Kusaier beschränkte sich auf Fahrten in dem geschützten Wasser der Lagune und ist es daher erklärlich, wenn die Fahrzeuge durch vollständiges Fehlen von Mast und Segel gekennzeichnet sind. Der Schiffsrumpf besteht aus dem ausgehöhlten Stamme des Brotfruchtbaumes, dem häufig an den stumpfgekielten Enden ein höheres dreieckiges Bugstück aufgesetzt wird. Um diesen Baumstamm wasserdicht, zum Fahrzeuge brauchbar zu machen, wird ein sogenannter Ausleger konstruiert, der im wesentlichen aus einem dem Rumpfe parallel laufenden Balken besteht, der mit dem Fahrzeuge durch von diesem ausgehende Querhölzer befestigt ist. Die Fahrsicherheit des Kanoes ist erhöht, aber immerhin ein Umschlagen nicht ausgeschlossen. Auf den Querhölzern ist eine die andere Seite des Bootes kaum überragende Plattform angebracht, die zur Aufnahme von Lebensmitteln dient. Auf den Häuptlingskanoes soll noch ein anderes Gerät Verwendung finden, das nach Kittlitz wie folgt eingerichtet ist:

„Es besteht aus einem hohlen, pyramidenförmigen Aufsatz, der auf die Plattform des Auslegers gestellt wird. Die Wände dieser Pyramide bestehen aus einem sehr künstlichen und ziemlich dichten Geflecht von Bindfaden, mit aufgereihten, kleinen schneeweißen Muscheln, aus dem das Ganze zusammengesetzt scheint. Man gebraucht es ohne Zweifel, um Vorräte und Lebensmittel vor dem Naßwerden und der Sonne zu schützen.“

Zur Herstellung eines Kanoes, wobei als einziges Werkzeug

in vorchristlicher Zeit das Muschelbeil, heute die eiserne Axt benutzt wird, sollen zwanzig Mann einen Zeitraum von 3 Monaten nötig haben.

Die Fortbewegung des Fahrzeuges geschieht mit Paddeln, die sich auf dieser Insel durch ihr langes, schmales Blatt und durch zierliche Arbeit in schwerem Hartholz auszeichnen. Sie haben gewöhnlich eine Länge von 1,50 m, wovon auf das in der Mitte nur 8 cm breite Blatt 58 cm kommen. Die Dimensionen eines Kusaie Kanoes sind ungefähr folgende:

Ganze Länge 6,60 m
Breite in der Mitte 0,47 m
Länge der Querhölzer der Ausleger 2,8 m
Breite der Plattform 0,68 m.
Länge des Schwimmbalken 4,70 m.

Durchgängig im Gebrauch sind Kanoes[1]) mit einer Tragfähigkeit von 4—6 Personen. Als Aufbewahrungsort der Fahrzeuge wird der Giebelraum der Häuser benutzt. Besondere Kanoeschuppen sind nicht vorhanden.

Das Kanoe von Ponapé gleicht sehr dem von Kusaie, unterscheidet sich nur in der Form des Schiffsrumpfes durch sanft abgeschrägte Enden und die für die Insel charakteristische Konstruktion des Auslegers. Dieser ruht auf zwei an den äußersten Enden des Kanoes beginnenden Latten, die ihrerseits stumpfwinklig mit einer Querlatte verbunden sind. Letztere steht durch senkrechte Stützen mit dem Schwimmbalken, der ungefähr die Länge des Schiffsrumpfes besitzt, in Verbindung. Befestigt untereinander sind die Balken mit Schnüren aus Kokosfaser. Wie auf Kusaie sind die Kanoes mit roter Farbe bestrichen, wozu man einen vegetabilischen Farbstoff (Bixa orellana) benützt. Die Fortbewegung der Fahrzeuge geschieht wegen der geringen Entfernungen,[2]) die zurückgelegt werden, zumeist durch schaufel-

---

[1]) Den Typus des Kusaie Kanoes treffen wir auch in Melanesien wieder. So besteht das gewöhnliche Fischerkanoe der Samoaner nur aus einem ausgehöhlten Baumstamm mit Ausleger, ebenso das hawaische.

[2]) Einen regelrechten Seeverkehr gibt es auf Ponapé nicht. Gelegentliche Fahrten ausserhalb der Lagune beschränken sich auf die benachbarten Inseln Andema (Entfernung 10 Seemeilen) oder Pakin (18 Seemeilen).

förmige Ruder, an seichteren Stellen mit Stangen. Doch sind auch Segel in Gebrauch. Aus grobem Mattengeflecht, das heute teilweise durch Tuch verdrängt ist, hergestellt, sind sie dreieckig und im Winkel zwischen zwei Bambusstangen aufgespannt, indes eine dritte den Mast ersetzt, der von einem aus der Bemannung dem herrschenden Winde gemäß bald an diesem, bald an jenem Ende des Fahrzeuges aufgestellt wird.

Die Tragfähigkeit der größten Kanoes, die gewöhnlich eine Länge von 40 Fuß und eine Breite von nicht mehr als 13 Zoll haben, beläuft sich auf 12—14 Personen. Dem täglichen Gebrauche dienen kleinere Fahrzeuge,[1]) die für 4—8 Menschen eingerichtet sind.

Die Fahrzeuge der Zentralkarolinen tragen den ausgezeichneten Typus von Hochseefahrzeugen, die sich im ganzen Westen der Inselgruppe (Mortlock, Ruk, Hall, Fais, Ulea, Uluthi) bis nach Yap vorfinden.

Der Rumpf besteht nicht wie auf den östlichen Karolinen aus einem ausgehöhlten Baumstamme, der ein für die hohe See zu schwerfälliges Fahrzeug liefern würde. Er ist vielmehr aus einzelnen Stücken zusammengefügt, die mit gedrehter Kokosfaser aneinander gebunden sind. Die Fugen werden mit Kokosfaser verstopft und dem klebrigen Safte der Brotfrucht verkittet.

Der Hauptteil besteht aus einem großen, unterseits spitzen Kielstück, das aus einem Brotfruchtbaum gezimmert ist. Diesem Kielstück wird vorn und hinten ein spitzes Bugstück angesetzt, die wiederum durch Seitenborde aus Planken mit dem Kiel verbunden sind. Die Ausleger, welche häufig, wenn auch nur geringe lokale Verschiedenheiten aufweisen, haben eine Plattform, die auf der gegenüberliegenden Seite des Fahrzeugs ein Gegenstück besitzt, das zur Not ein Haus tragen kann. Der Mast, der aus einem unbearbeiteten, plumpen Stücke Holz besteht, ist nicht in der Mitte des Bootes, sondern bordauswärts der Auslegerseite (Leeseite) auf der Plattform angesetzt. Die Hantierung des am

[1]) Der Typus des Ponapé Kanoes findet sich in Melanesien und anderwärts. So im „Vanaka“ der Südostküste Neu-Guineas, in Astrolabe-Bai an der Nordküste von Kaiser Wilhelms-Land, in Torresstrasse und in Neu-Irland.

Maste befestigten Segels, das aus einem zwischen zwei hölzerne Bäume gespannten dreieckigen Mattengeflecht besteht, ist durchaus keine leichte, da es nicht gerefft werden kann, sondern bei event. Fällen von einem Bug nach dem entgegengesetzten getragen werden muß, eine Manipulation, die häufig trotz Auslegebalken zum Kippen des Fahrzeuges führt.

Was die Fahrgeschwindigkeit der Hochseekanoes angeht, so dürfte die höchste Leistung 4 Seemeilen in der Stunde betragen. Trotzdem aber erlauben die apathische Geduld und das von Kindheit an erworbene Vertrautsein mit der See dem Eingeborenen damit Reisen auszuführen, welche ein mit allen Umständen vertrauter Weißer keinenfalls unternehmen würde.

Die Dimensionen eines Mortlock Hochseekanoes sind nach Lütke 8,2 m Länge, 0,76 m Breite und 1,2 m Tiefe.

Neben diesen Hochseefahrzeugen dient dem täglichen Gebrauch eine weitere Art Kanoe, die aber des Segels entbehrt und durch Paddeln fortbewegt wird. Diese Paddelkanoes, die durchschnittlich 10 m lang, 65 cm breit und 60 cm tief sind, sind auf Ruk besonders kenntlich durch eine dieser Insel eigentümliche Bugverzierung, die von zwei Schwalben gekrönt ist. Auf der Plattform des Auslegers sind 1,16—1,2 m lange Stäbe senkrecht aufgerichtet, die als Aufbewahrungsort der Speere dienen.

Wie auf Kusaie und Ponapé sind die Kanoes mit haltbarer Farbe überstrichen, jedoch nicht einfarbig rotbraun, sondern in mehreren Farbentönen, die lokal variieren.[1])

Auf Yap werden vier verschiedene Arten Kanoes gebaut, von denen als das bemerkenswerte das große Kriegskanoe näher betrachtet werden soll.

Es ist aus 6—7 verschiedenen Teilen, dem Kielstück, zwei Mittel- und vier Seitenteilen, die mit Kokosfaserschnüren fest aneinander geschlossen sind, zusammengefügt und mit Brotfruchtbaumharz auskalfatert. Die beiden Kielstücke laufen in hochaufragende Schnäbel aus, die als Verzierung auf Schnüren auf-

---

[1]) Auf Ruk schwarz mit andersfarbigem Schiffsrande. Auf Lukunor (Mortlock) unten schwarz, oben gelb und rot.

gereihte Porzellanmuscheln (Ovula ovum L) tragen. Das Geschirr des Auslegerbalkens, der die etwas schwerfälligen Kähne im Gleichgewicht hält, ist zu einer Art Verdeck aus Bambusrohr hergerichtet, auf dem Güter und Lebensmittel mitgeführt werden. Auf der gegenüberliegenden Seite befindet sich ebenfalls ein Verdeck, das frei über dem Wasser schwebend, nur den Boden und die Seitenwand des Kahnes zur Stütze hat. Es steigt schräg empor und bietet infolgedessen für die Insassen des Kanoes ziemlich trockene Sitzplätze. Das dreieckige, zwischen zwei Bambusstangen als Raaen gespannte, aus Matten gefertigte Segel, ist an einem beweglichen Maste befestigt und kann daher von einem Ende des Kanoes zum andern gedreht werden, eine Einrichtung, die beim Wenden unbedingt erforderlich ist, weil der Auslegebalken stets an der Windseite liegen muß. Um dem Segel größeren Halt zu gewähren, wird das spitze Ende desselben in eine Hülse eingelassen, die am Grunde der beiderseitigen Kahnschnäbel angebracht ist.

Die Anfertigung dieses umfangreichen 7—12 m langen und $1^1/_2$ m breiten Kanoes geschieht auf den Palaos Inseln, auf denen ein großer Reichtum prächtigen Bauholzes vorhanden ist, das Yap nur in geringen Mengen aufzuweisen hat.

Die kleineren, für den Lagunenverkehr bestimmten Fahrzeuge bestehen aus ausgehöhlten Baumstämmen und faßen 1—4 Personen.

Kleidungs- und Schmuckgegenstände.

Für die Bewohner sehr vieler Inseln des Archipels bildeten die gewebten Zeugstreifen die einzige Bekleidung.

Die heutigen Kusaier, die durchweg europäische Kleider tragen, haben sich ihres ehemaligen Kleidungsstückes, des Lendenschurzes, nicht ganz entwöhnen können. Es ist dies um so auffallender, da in der Regel die Zivilisation die Zerstörung jeder Originalität unausbleiblich im Gefolge hat. Noch im Jahre 1880 stand die Weberei dieser Gürtelbinden in voller Blüte.

Die Maßverhältnisse einer solchen Lendenbinde, die, soweit noch in Gebrauch, zur alleinigen Bekleidung beider Geschlechter verwendet wird, variieren nur unerheblich:

Länge 1,68—1,80 m; Breite 17—22 cm.

Zur Befestigung am Körper wird diese Lendenbinde vierfach zusammen gefalten, um den Leib gegürtet, zwischen den Beinen durchgezogen und vorne zugeknotet.

Außerdem sind noch Matten aus Pandanusblatt, die in der Größe zwischen 32 und 60 cm variieren, im Gebrauch, um kleinere Kinder beim Austragen vor den stechenden Sonnenstrahlen zu schützen.

Die Nationaltracht der männlichen Eingeborenen von Ponapé ist in der Hauptsache ein Lendenschurz, der aus den grünen Blättern der Kokospalme verfertigt ist. Die Blätter werden mittels scharfer Muscheln verschieden breit bis zur Dünne eines Grashalmes gespalten, auf eine Schnur von Kokosfaser gezogen und meistens mit Büscheln roter Wolle verziert. Dieser Lendenschurz reicht gewöhnlich von den Hüften bis zum Knie und hat eine Länge von 18—20 Zoll.

Bei feierlichen Gelegenheiten und größeren Festen kommt noch ein zweiter Lendenschurz in Gebrauch, der in gleicher Weise angefertigt ist, aber aus ungespaltenen Kokosblättern besteht und mit dem Pulver von Curcuma longa gelb gefärbt ist. Nach Bericht der Novara trägt der Eingeborene, welcher der Mode Ponapé's genügt, mindestens sechs solcher Blattröckchen um den Leib.

Die Kleidung der Frauen, die in früheren Zeiten die gleiche war wie die der Männer, hat schon lange europäischen Anstrich bekommen.[1]) Sie besteht an gewöhnlichen Tagen aus mit dem Pulver von Curcuma longa gelb gefärbten Baumwollstoffen, die um die Hüfte geschlungen, bis zu den Knöcheln herabreichen. Den Oberkörper bedeckt nach Art der „Tiputa" der Samoanerinnen ein leichtes Tuch, das ponchoartig übergeworfen ist. An Fest- und Feiertagen erscheinen die meisten Eingeborenen, vornehmlich die Christen in der unschönen Hülle europäischer Halbkultur wenn es auch diese lieben, ihre ihnen liebgewordene Nationaltracht besonders bei der Arbeit und Kanoefahrten anzulegen.

Die Kleidung der Zentralkarolinier liefert die Webeindustrie

[1]) Vor der Berührung mit den Weissen trugen die weiblichen Eingeborenen Zeugstoffe, die aus dem Baste des auf Samoa „Maki", auf den Anchoritinseln „Tongongoángo" genannten Baumes verfertigt waren.

und zwar gebleichte, naturfarbene Gewebe aus Hibiscusfaser für die männliche Bevölkerung und gebleichte, aber gemusterte Gewebe für das weibliche Geschlecht.

Der männliche Schamgürtel hat in der Regel eine Breite von 60—70 cm. Zum Gebrauche wird er verschiedene Male zusammengefalten. Die Befestigung desselben ist die gleiche wie auf Kusaie. In den meisten Fällen ist der Gürtel überreich mit Gelbwurz eingerieben.

Das weibliche Geschlecht gürtet die gemustert gewebten Zeugstreifen in der ganzen Breite um die Taille, ein Umstand, der Kittlitz berichten ließ: „Die Kleidung der Frauen besteht aus einem ziemlich engen Rock, der über den Hüften befestigt ist und bis zu den Knieen herabgeht."

Ein wichtiges Stück zentralkarolinischer Tracht ist ein ponchoartiger Mantel, der den ganzen Körper bis über die Kniee deckt. Dieses Kleidungsstück ist besonders charakteristisch für Ruk und Mortlock, während weiter westwärts nur die oben erwähnten gewebten Zeugstreifen in Betracht kommen[1]). Dieser ponchoartige Überwurf, der auf den Mortlockinseln nur von den männlichen Eingeborenen ausnahmslos getragen wird — auf Ruk bekleiden sich beide Geschlechter damit —, besteht aus zwei aneinander genähten Schamgürteln, die als Ganzes in der Mitte längsweise mit einem Kopfschlitz versehen sind. „Einzelne, besonders ältere Leute, schreibt Kittlitz von Lukunor, trugen auch Mäntel von dem Schnitt, wie der an der spanischen Westküste von Amerika gebräuchliche Poncho; diese waren hier fast immer gelb gefärbt, bald mehr zitronen-, bald mehr orangengelb."

Auf der Rukgruppe finden wir dem Poncho, wenn aus Hibiscus gewebt, die natürliche Farbe belassen, wenn aber Musafaser als Material gedient hatte, werden die Gewebe reichlich mit Curcuma eingerieben. Doch kommen auch schwarzgefärbte Überwürfe vor, bei denen die Kopföffnung häufig reichlich mit Spondylusscheibchen verziert ist. Als Kopfbedeckung werden auf den Mortlockinseln von den männlichen Eingeborenen kegelförmige, von trockenem

[1]) Auf der westlichsten Karolineninsel „Sonsol" tragen die Frauen Ponchos aus feinem Mattengeflecht von Faasblättern, ganz ähnlich solchen von Ponapé.

Pandanusblatt geflochtene Hüte von etwas chinesischem Ansehen getragen.

Die Kleidung auf Yap beschränkt sich auf eine gürtelartig um die Lenden geschlungene feine Matte und den aus rotgefärbten Bastfasern hergestellten „Lit".

Die Gürtelmatte ist ein Produkt der Webeindustrie, wird aber nicht auf Yap selbst, wo die Weberei unbekannt ist, sondern auf der Ulithi Gruppe angefertigt. Sie weist geschmackvolle, buntfarbige Muster auf und hat in der Regel eine Länge bis zu 2 m und ist 4 Dezimeter breit.

Der „Lit" ist aus zwei durch eine kurze Schnur mit einander verbundenen, rotgefärbten Bastfaserbüscheln einer Malvaceenart hergerichtet. Er wird vorn in den Gürtel eingeschoben, zwischen den Beinen durchgezogen und hinten unter dem Gürtel wieder durchgesteckt, so daß vorn und hinten ein Bastfaserbüschel, eine kärgliche Bedeckung herabhängt.

Der Anzug des weiblichen Geschlechtes ist sehr einfacher Art. Es ist eine Schürze aus den in Streifen zerschlitzten Blättern des Pisangbaumes, die an eine starke Kokosschnur angeflochten werden. Sie reicht gewöhnlich bis zum Knie herab. Bei festlichen Gelegenheiten werden verschiedenfarbige Blätter, sowie Blumen zu einer Art bunten Unterrock zusammengestellt.

An Schmuckgegenständen weist Kusaie große Armut auf, die Finsch mit dem Umstande zu deuten sucht, daß die Zeit der Frauen vornehmlich durch die auf dieser Insel in hoher Entwicklung stehende Weberei in Anspruch genommen wird. „Man sieht, schreibt Kittlitz, im Ganzen ungemein wenig Gegenstände des Putzes. Gewöhnlich waren es nur Blumen, auch wohl grüne Blätter. Nur die kleinen Kinder sahen wir allezeit beladen mit Putz, besonders Halsbändern, sehr sauber aus kleinen Früchten, Muscheln und Holzstückchen verfertigt."

Blumen und bunte Blätter, zu Kränzen gewunden, bilden den häufigsten Kopfputz, während Brust- und Armschmuck, der heute durchgehends der Vergangenheit angehört, aus Schildplatt, Trochus, Conus und Perlmuttstückchen angefertigt wurde. Zu Lütkes Zeiten trugen die Frauen um Hals und Fesselgelenk noch dicke Wülste von 9 Zoll im Umfange aus unzähligen Schnüren von Kokosfaser, die Finsch aber nicht mehr vorfand; er bemerkte nur einfache Halsstricke.

In den durchbohrten Ohrläppchen werden Blüten und Blätter getragen, oft weitet sich die Öffnung dermaßen aus, daß ganze Blütenkolben von Pandanus als Schmuck[1]) verwendet werden.

Auf Ponapé ist infolge der Einführung europäischer Putzartikel, wie Glasperlen, roter Wolle usw. fast jede Originalität der Schmuckgegenstände geschwunden. Einen Einblick in die ehemaligen, von einer regsameren, fleißigeren Bevölkerung angefertigten Schmucksachen, gewähren uns die prähistorischen Überbleibsel, welche die Ruinen von Tauacz lieferten. Außer Conus millepunctatus, aus dem Arm- und Halsringe verfertigt wurden, waren es in der Hauptsache zwei Spondylusarten (Spondylus flabellum; Spondylus rubicundus), die in verschiedenen Formen geschliffen, zu Schmuckgegenständen verarbeitet wurden, zumeist zu Halsornamenten. Entweder wurde die ganze etwas polierte Schale der Muschel an einer Schnur um den Hals getragen oder zu kleinen Scheibchen verarbeitet und allein, auch mit Stückchen der Kokosschale untermischt, auf Schnüren gezogen. Auch Perlmutter, Schildpatt und Kokosnuß wurden als Material zu Schmucksachen benutzt.

Die heutigen Ponapéinsulaner haben die Hinterlassenschaft ihrer Vorfahren in den Ruinen als angenehmes Erbteil, das sie noch lange, als reiche Fundstätte für Spondylus, der mühevollen Arbeit des Heraufholens aus dem Meere, wo diese Muschel erst in ansehnlicher Tiefe zu finden ist, enthebt, angetreten.

Jedoch werden aus diesen Spondylusschalen nur leicht herzustellende, kleine Plättchen angefertigt. In den heutigen Putzsachen, spielen Glasperlen, besonders schwarz und weiß emaillierte Perlen und rote Wolle ein große Rolle und ist deren häufige Verwendung ein charakteristisches Zeichen für die Insel.

Als Kopfschmuck dienen künstlich aus gelben und roten Blumen zusammengeflochtene Kränze, die von beiden Geschlechtern getragen werden. Die Ohrläppchen, die durchbohrt, aber nicht

[1]) Auf den Marschallinseln finden wir ebenfalls die Durchbohrung der Ohren. Die Öffnungen, in denen grosse Ringe von Pandanusblatt getragen werden, sind wie auf Kusaie sehr ausgeweitet.

in dem Maße wie auf Kusaie ausgeweitet werden, dienen zur Aufnahme von bunten Blättern und Blüten und Büscheln roter Wolle. Von weiblichen Geschlechte wird noch ein besonderer Ohrstöpsel aus Kokosnuß von der Form eines Zuckerhutes getragen, dessen ausgehöhltes Innere mit wohlriechenden Blüten ausgefüllt und dessen Ränder Verzierungen von roter Wolle tragen. Hals- und Brustschmuck in Form von breiten Bändern besteht heute vorwiegend in Ketten aus schwarz und weiß emaillierten Perlen, die mit roher Wolle verziert sind.

Zu festlichen Gelegenheiten, bei denen Tänze niemals fehlten, gab es ehemals auf Ponapé spezifischen Fest- und Tanzschmuck, der aber in Vergessenheit geraten ist. Kittlitz erwähnt noch einen Teil desselben. „Einige Leute, die sich mit mehr Entschiedenheit als die andern zum Tanzen hielten, trugen seltsame Manschetten von Palmenblättern, die weit über die Finger hinausragten und bei der Bewegung des Tanzes ein eigentümliches Geflüster hervorbrachten. Gewebte Schmuckgürtel, deren Hauptfarben rot und schwarz bildeten, ebenso gewebte Stirnbinden, die zugleich als Waffe (Schleuder) dienten, wurden bei Tänzen als besonderer Festschmuck angelegt". Heute finden wir nur noch ärmliche Nachbildungen aus Glasperlen, die in allerdings geschmackvollen Mustern auf roter Wolle befestigt sind.

Infolge der Putzsucht der Zentralkarolinier ist die Industrie der Schmuckgegenstände hier eine sehr lebhafte und gehören die Erzeugnisse derselben wegen der großen Mannigfaltigkeit der Formen wohl zu den reichsten ganz Mikronesiens. Das häufigste Material zu Schmucksachen ist die Kokosnußschale, die infolge der vielfältigen Verwendung unter den verschiedenen Formen für die Zentralkarolinen ein Charakteristikum der Putzarbeit bildet. In Gestalt von flachen Plättchen, auch Perlen und Ringen von verschiedener Größe bis zur Weite eines Fingerringes, finden wir dieses Material auf Schnüren gezogen, als Ohrgehänge, Halsketten, Armbänder und Gürtel wieder. Die Industrie der Schmucksachen aus Kokosschale beschränkt sich zum weitaus größten Teile auf die Mortlockgruppe, während die Rukinseln nach Kubary ein eigenes Material besitzen. „Dieses besteht in feinem runden schwarzen Plättchen, die aus der Rinde des Zia-Baumes verfertigt werden. An den aufgetrockneten Stellen dieses Baumes (einer Rhicophora) löst sich die Rinde in kleinen und dünnen Lagen ab, die zerstückelt und mittels eines Haifischzahnes gebohrt, dann aufgereiht, mit einer Koralle abgeschliffen und endlich mit dem Milivi-Schwamme poliert werden. Dies ist das Ruksche Material für sämtliche Schmuckgegenstände, die sich dafür eignen, nämlich: Ohrgehänge, Armbänder, Gürtel."

Das wertvollste und am meisten geschätzte Schmuckmaterial liefert eine Spondylusmuschel, deren spezifische Bestimmung noch nicht vorliegt. Zu kleinen Scheibchen, die selten den Durchmesser von 12 mm überschreiten, geschliffen, durchlöchert und auf Schnüren gezogen, werden daraus Stirnbänder, Hals- und Armornamente verfertigt.

In geringen Mengen wird auch Schildpatt und Conus millepunctatus in der Schmuckindustrie verwandt.

Sehr beliebt und besonders reich vertreten ist in diesem Gebiete der Hals- und Brustschmuck in Form von Schnüren und Ketten. Nach Finsch erlangt er eine ziemlich umfassende Klassifizierung unter folgende fünf Haupttypen:

1. Einfache oder doppelte Schnüren aufgereihter Nuß- oder Muschelscheibchen.
2. Schnüren mit viel roten Spondylusscheibchen oder ganz aus solchen; am wertvollsten.
3. Einfache Schnüre aufgereihter Ringe aus Kokosnuß; am gewöhnlichsten und häufigsten.
4. Aus Kokosperlen zusammengeflochtene Bänder, zuweilen breiter und kragenförmig.
5. Schnüren aus großen Ringen, die aus Querschnitten der verkrüppelten Kokosnüsse[1]) verfertigt sind.

Das wichtigste der Brustgehänge ist eine kreisrunde Schild-

[1]) Da die Schalendecke einer normalen reifen Kokosnuß nur zirka 3 mm beträgt, so ist es begreiflich, daß sich aus solchen nur dünnere Scheibchen und Plättchen, kaum aber Perlen herstellen lassen. Die größeren Ringe sind daher aus einer besonderen Art verkümmerter kernloser Kokosnüsse gearbeitet, welche im Wachstum zurückblieber und gemeinschaftlich mit normalen an einem Fruchtbündel wachsen. Solche verkrüppelte Nüsse sollen auf den Zentralkarolinen sehr häufig sein.

pattplatte mit einem Durchmesser von zirka 12 cm. Diese wird entweder an einem durch eine in der Mitte des Schmuckstückes angebrachte Öffnung gezogenen Faden auf der Brust getragen oder, wenn doppelt, auch auf dem Rücken. Zum Schmuck der durchlöcherten Ohrlappen dienen nicht einzelne Ringe, sondern zusammengesetzte Gehänge, die zumeist aus auf Schnüren gezogenen Kokosperlen bestehen und außerdem mit Anhängseln mannigfacher Art geschmückt sind. Kittlitz erwähnt von Lukunor: „Ohrgehänge von zierlich geschnitzten und verschiedenartig gefärbten Holzstücken." Zu dieser Ausschmückung der Ohrgehänge dienen Schildpattstückchen, Ringe aus Elfenbeinnuß, Nautilus Kreise mit eingefeilten Rändern, ebenso Scheibchen und Stückchen Perlmutter, Vermetus Röhren, ja sogar Blech und Messingstückchen. Eine andere Form des Ohrputzes, der aber nur bei Tanzaufführungen angelegt wird, sind besonders hölzerne Ohrstücke, von denen zwei Arten angefertigt werden. Die eine ist viereckig, geschnitzt und mit schwarz und weißer Farbe bestrichen, während die zweite eine runde, concave Form hat und gelb bemalt ist. Der Armputz dieses Gebietes zeigt keine große Mannigfaltigkeit. Gewöhnlich bestehen die Armbänder aus Kokosperlen, die auf Hibiscuszwirn zu mehreren Strängen aufgereiht, zuweilen von kleinen roten Muschelplättchen untermischt sind. Nur vom weiblichen Geschlecht getragen wird eine 3 bis 5 cm breite Armspange aus Schildpatt.

Diesem Gebiete eigentümlich ist die Befestigung des Armputzes, der nicht wie sonst meist üblich den Oberarm schmückt, sondern um das Handgelenk getragen wird.

Ein unentbehrlicher Putzartikel und Hauptgegenstand der zentralkarolinischen Toilette sind Kämme und Haarnadeln, die einen Hauptschmuck der Männer ausmachen. Außer dem gewöhnlichen Typus des Kammes, der aus zusammengebundenen Stäbchen (meist Rippen von den Fiedern des Blattes der Kokospalme) hergestellt und mit Kokosscheibchen, Fregattvogelfedern hübsch geschmückt ist, sind vornehmlich Holzkämme, die mit zu den kunstvollsten Schnitzarbeiten der Zentralkarolinen gehören, in sehr verschiedenen Formen in Gebrauch. Gewöhnlich ist der Kamm aus einem ungefähr 30 cm langen Stück Holz verfertigt, das an der unteren Seite gezähnt, an der oberen zu einem viereckigen Griff ausgearbeitet ist. Doch sind auch Kämme aus mehreren Stücken zusammengesetzt, keine Seltenheit. Vornehmlich ein Festschmuck sind diese Kämme mit Schnitzereien und mit den weißen Daunen der Seeschwalbe, Hahnen- und Fregattvogelfedern hübsch ausgeputzt. „Der Kopfputz der Männer, schreibt Kittlitz von Lukunor, scheint hier ein besonderer Gegenstand der Eitelkeit zu sein; ihr äußerst reiches, meist lockiges schwarzes Haar, wird immer mit vieler Sorgfalt behandelt, gewöhnlich in einem sehr breiten Zopf hinten aufgebunden und mannigfacher Weise verziert, mit Blumen oder Federn, welche letztere dann an einer besonderen Art von Kamm befestigt sind.“ Wesentlich tragen zur Verschönerung des Kopfputzes bei Haarnadeln [1]), die in der Form unserer Nadeln, aber bei weitem größer aus Orangenholz verfertigt sind und auf dem oberen Ende ein flaches, rundes Scheibchen, das aus den Spiren eines Conus geschliffen ist, als Knopf tragen. Diese Nadeln, die von unten schräg durch die Frisur geschoben werden, sind von einem besonderen Schmuckband von Kokosperlen, das beiderseits in 3 oder 4 kleinere Schnürchen aus demselben Material, zuweilen mit kleinen Spondylusmuscheln untermischt, endigt, so gehalten, daß beide Enden des über den Kopf gezogenen Bandes an dem Knopf der Nadel befestigt sind. Vervollständigt wird der Haarschmuck durch eine Stirnbinde, die, im Aussehen einer kurz geschorenen Bürste gleich, ein Flechtwerk aus Hibiscus- oder Musafaser ist. An beiden Enden sind Bänder angebracht und das ganze mit Curcuma auffallend gelb gefärbt. Bedeutend reicher und geschmackvoller ausgestattet sind die Stirnbinden des weiblichen Geschlechtes, die denn allerdings auch nur bei feierlichen Anlässen und Tanzvergnügen angelegt werden. Sie bestehen aus feinem Bindfaden von Kokosfaser, der auf Bananenblätter als Unterlage aufgeflochten ist. Zur Verzierung dienen Kokosperlen,

---

[1]) Nach Kubary ist die Hauptaufgabe der Nadeln das durch zahlreiches Ungeziefer verursachte Jucken durch Stiche zu dämpfen. Diese Stecher sollen die nebenbei peinlich langen Fingernägel des Mortlockers vertreten, die er ohne die sorgfältig gehaltene Frisur in Unordnung zu bringen, zum Kratzen nicht gebrauchen kann.

die häufig mit Spondylusmuscheln untermischt sind, in Längs- und Querreihen geschmackvolle Muster bilden. Nur die Unterseite des Geflechtes ist mit Curcuma gelb gefärbt. Diesem Gebiete eigentümlich ist ein Leibschmuck, der zu den kunstvollsten und geschmackreichsten Erzeugnissen der karolinischen Industrie gehört, dessen Anfertigung mühsame Arbeit und unendliche Geduld erfordert. In der Hauptsache besteht er aus Schnüren von Kokosplättchen oder Spondylusscheibchen, die in geringen Abständen zwischen einer Anzahl durchlöcherter Querleisten aus Citrusholz durchgezogen werden. Um indes einen Begriff zu geben, welche ungeheuere Mühe und welch eisernen Fleiß solche Arbeiten erfordern, mag erwähnt sein, daß ein großer Gürtel an 27000 Kokosscheibchen, aber nur 160 Muschelscheibchen zählt. Diese Gürtel werden auf der Rukgruppe von beiden Geschlechtern getragen, während auf den Mortlockinseln nur die Frauen diesen Gürtelschmuck besitzen, der sich von dem eben erwähnten insofern unterscheidet, daß auf den Schnüren Kokosperlen und Spondylusmuscheln in gleichen Mengen vorhanden sind.

Auf Yap steht die Industrie der Schmuckgegenstände in nicht solch hoher Blüte wie auf den Zentralkarolinen. Im wesentlichen kommt nur Hals- und Armschmuck in Betracht. Hals- und Armbänder werden von beiden Geschlechtern getragen. Eins der interessantesten Armornamente der männlichen Eingeborenen ist ein manschettenartiger Ring[1]), der aus Exemplaren einer Kegelschnecke Conus millepunctatus hergestellt ist. Die inneren Windungen des Gehäuses werden bis auf die letzte herausgemeißelt, so daß eine verhältnismäßig enge konische Röhre entsteht, die dann über die vorher tüchtig eingeölte Hand gezwängt wird. Dieser Schmuck verbleibt zeitlebens am Handgelenke seines Besitzers. Ein ähnlicher Armschmuck, aus Nautilus Pompilius verfertigt, wird nur bei Festlichkeiten und Tänzen angelegt. Die Halsbänder des männlichen Geschlechtes bestehen gewöhnlich aus Scheibchen der roten Muschelsubstanz der Schalenöffnung der Sturmhaube (Cassidea rufa L.), die in größeren Ab-

[1]) Diesem Armschmuck entspricht auf den Palaos ein Armring aus dem Atlaswirbel des Dugong (Halichoere Dugong). Jedoch kommt er nur den höheren Häuptlingen zu.

ständen von verschieden großen Zähnen des Cachelots (Physeter macrocephalus L.) untermischt sind. Die weniger wertvollen Halsbänder sind aus Scheibchen einer gekrönten Kegelschnecke (Coronaxis nanus) und runden schwarzen Plättchen von Kokosnußschale gearbeitet [1]). Auch die Frucht der Arecapalme wird zu Halsketten in der Weise benutzt, daß die aus derselben gearbeiteten Ringe, auf Bastschnüren gezogen, nur an einer Seite angeknotet sind, während der übrige Teil frei absteht. Der Kopfschmuck der männlichen Bewohner ist sehr einfacher Art und nur durch einen Kamm vertreten, der aus Blattrippen von Palmblattfiedern fächerförmig zusammengebunden ist. Der Stiel derselben ragt hoch aus der Frisur hervor und ist in der Regel noch mit einem Federschmucke geziert.

Die Armringe des weiblichen Geschlechtes sind teils aus abgeschliffenen Quersegmenten der Kokosnußschale oder aus dem Gehäuse einer großen Kreiselschnecke (Trochus Niloticus L.) hergestellt. Beide Arten Ringe werden untereinander vermischt zu mehreren aufeinanderfolgend meist am linken Vorderarm getragen. Der Halsschmuck ist kein hervorragendes Kunstgebilde. Er ist aus schwarzen Bastfaserschnüren angefertigt, die an der Vorder- und Hinterseite des Halses zusammengeknotet werden und deren Enden über Brust und Rücken hinweg bis auf den Bastrock hinabreichen.

Tätowierung.

Die Tätowierung dient auf den Karolinen lediglich Verschönerungszwecken. „Die Behauptung, schreibt Kubary, daß das Tätowieren eine religiöse Bedeutung habe, konnte ich auf keiner der von mir besuchten Inseln finden. Die erste und hauptsächlichste Bedeutung der Tätowierung ist die eines persönlichen Schmuckes. Religiöse Bedeutung konnte ich auch bei den in ihren heidnischen Gebräuchen noch mit voller Stärke anhängenden Yapern nicht entdecken.“

---

[1]) Diese Art Halsschmuck kommt sehr häufig auf den Ellice- und Gilbertinseln vor. Wahrscheinlich ist er von dort nach hier eingeführt worden.

Die Tätowierung auf Kusaie hat einen durchaus eigentümlichen Typus. Sie beschränkt sich auf wenige Striche, breite und schmälere Längsstreifen und einige Querstreifen an Armen und Beinen, ohne besondere Zeichen für Rangunterschiede. Ein besonderes Tätowierinstrument besteht nicht. Die Figuren werden mit einer scharfen Muschel eingeritzt und mit Pflanzensaft eingerieben. Heute ist die Tätowierung infolge des Einflusses der Mission im Absterben begriffen. Das Einritzen christlicher Taufnamen, welches gestattet ist, wird von den Eingeborenen nicht ausgeführt.

Die Hautverzierung der Ponapéinsulaner ist eine der reichsten und schönsten des ganzen Karolinenarchipels. Vor allem ist es außer Händen und Unterarm die Körperpartie von den Hüften bis zu den Knöcheln, die mit diesen für die Insel eigentümlichen Zeichnungen bedeckt sind. Sie bestehen im Wesentlichen aus einem breiten, die Hüften umschließenden Gürtel[1]) und durch Querbänder verbundenen Längsfelder auf Unterarm und Beinen. Letztere tragen weit reichere Verzierungen als der Unterarm. Sie befinden sich aber nur an den Seiten, während Knie und Schienbein frei bleiben. Den Oberarm beider Geschlechter schmücken kleinere Muster, wie ein Drudenfuß, ein Kreuz oder ein schiefstehendes Viereck, Zeichen, die der Verkehr mit den Weißen zur Zeit der Blüte des Walfischfanges übermittelt haben soll. Auch finden sich auf Achsel und Oberarm Schnittwunden, sogenannte Ziernarben, die als Zeichen persönlichen Mutes gelten.

Mit der Tätowierung, bei der kein besonderes Zeremoniell beobachtet wird, wird gewöhnlich schon in sehr frühem Kindesalter begonnen. So zeigten Kinder von 4—5 Jahren die ersten Striche der Verzierung, die in weitern 5—6 Jahren ihrer Vollendung entgegengeführt wird. Von einer genauen Innehaltung dieser Zeit kann nicht die Rede sein, da die geringere oder ausgedehntere Ausführung der Tätowierung ganz von dem Willen und der Widerstandsfähigkeit des Individuums abhängt. Das zur

---

[1]) Diese Gürteltätowierung, die nur von den Frauen getragen wird, ist ganz besonders charakteristisch und findet sich in den ganzen Karolinen nicht mehr wieder.

Tätowierung verwandte Instrument[1]) besteht aus den kammartig zusammengebundenen Dornen einer wildwachsenden Citrusart, die an einem Schaft befestigt sind und vermittels eines kurzen Schlägels in die Haut getrieben werden. Die Kunst der Tätowierung wird von Frauen betrieben, die besonders gut bezahlt werden. Die Ausführung ist auf der ganzen Inselflur so ziemlich die gleiche, wenn auch Werkzeug und Farbe[2]) geringe Unterschiede aufweisen. Nach Aufzeichnung der Konturen mit der Farbe, was gewöhnlich mit einem Kokosblattnerv geschieht, werden die Figuren mit dem Tätowierinstrument in die Haut geschlagen und wird so der Farbe Eingang verschafft. Die Operation ist ziemlich langwierig und verursacht empfindliche Schmerzen, die meist in Fieber ausarten und in nicht seltenen Fällen den Tod herbeiführen.

Die Tätowierung in den Zentralkarolinen ist nicht reich zu nennen und beschränkt sich bei den Männern von Mortlock auf die Außenteile der Oberarme und auf einen kleinen Teil der Vorderseite des Oberschenkels, während auf Ruk die Brust und der Bauch mit nicht gerade sehr reichen Mustern verziert sind. Die weibliche Bevölkerung der Mortlockgruppe trägt im Unterschiede von den Männern Zeichnungen auf dem Unterleibe und auf dem Rücken. Auch finden sich weniger bedeutende Verzierungen auf dem hinteren Teile des Oberschenkels, dicht über der Kniebeuge. Die Muster der Tätowierung sind Quer- und Längsstreifen, die gewöhnlich zu mehreren angeordnet, in der Mitte durchbrochen sind.

Einen eigenen Typus der Tätowierung weist die Lagune Lukunor (Mortlock) auf. Im Unterschiede von Ruk und Satoan (Mortlock) sind die Brust, vor allem aber die Unterschenkel tätowiert. Die Brustverzierung ist in der Hauptsache ein breites Band, das von einer zur andern Schulter läuft, während die

---

[1]) Die Eingeborenen der Enganoinseln, westlich von Sumatra, besitzen ganz genau dieselben Tätowierungsinstrumente.

[2]) Den zu der Operation nötigen Blaustoff gewinnen die Eingeborenen aus der häufigen, nußartigen Frucht der Aleurites triloba, welche sie am Feuer erhitzen, worauf sie die dadurch sich bildende harzige Kruste abschlagen.

Unterschenkel hosenartig von Zeichnungen bedeckt sind. Das Tätowierinstrument dieser Gruppe besteht aus einem runden Stiele, an dem ein Kamm — in Satoan ein Knochen (Pteropus oder Tachypetes), auf Lukunor aus Schildpatt —, der in mehrere feine Zähne ausläuft, befestigt ist.

Die Männer der Insel Yap besitzen durchgehends eine sehr reiche Tätowierung. In ihrer vollsten Ausdehnung bedeckt sie den Oberkörper, reicht bis zu den Beinen herab, läßt aber die Lendengegend frei. Die Beine sind in der gleichen Ausdehnung mit Zeichnungen bedeckt, wie auf Ponapé, doch in anderem Muster, für das die abwechselnd dunkeln und hellen Querstreifen auf der Hinterseite der Wade charakteristisch sind. Überhaupt bestehen die Zeichnungen aus in verschiedener Gruppierung symetrisch nebeneinanderlaufenden Streifen, die sich häufig untereinander verbinden. Die Hautverzierung des weiblichen Geschlechtes ist nur gering und beschränkt sich auf Arme und Beine. Den Oberarm schmücken Zeichen in Fischgestalt, während die Hand mit dichten Linien bedeckt ist, die ihr das Aussehen geben, als wäre sie mit einem Tüllhandschuh überzogen.

Eine hervorragende Rolle als Schmuckmittel spielt auf der ganzen Inselflur die Curcumawurzel, mit der oder dem daraus hergestellten Pulver die Eingeborenen den Körper mehr oder weniger einzureiben pflegen.

Der Anbau dieser Pflanze beschränkt sich auf die hohen Inseln[1]) und ist das Hauptzentrum des Anbaues und des Tauschverkehres die Rukgruppe in den Zentralkarolinen. Näheres über den Anbau der Pflanze und die Herrichtung des so hochgegeschätzten Pulvers erfahren wir durch Kubary.

Die Anpflanzung, die wie die Bereitung nur von den männlichen Eingeborenen[2]) ohne religiöse Zeremonie betrieben wird, erfreut sich besonders großer Sorgfalt. Nur einmal im Jahre

---

[1]) Auf Atollen wird nur auf Nucknor und Sonsol Gelbwurz angebaut.

[2]) Auf Nucknor haben die Frauen für den Gelbwurz zu sorgen. Die Bereitung geschieht unter Beachtung verschiedener althergebrachter Vorschriften, in besonderen öffentlichen Gebäuden, wobei eine Priesterin der Gottheit Opfer bringt.

kann die Pflanze abgeerntet werden. Zur Bereitung des Pulvers werden die abgewaschenen und abgekratzten Knollen auf einer Koralle mit rauher Oberfläche zerrieben und diese Masse läßt man eine Nacht über in großen Holzgefäßen wässern. Der dadurch erlangte Bodensatz wird in Formen gepackt, getrocknet, mit loser Musafaser umgeben und ist, in Hibiscusbast gebunden, fertig für den Handel. Nach Finsch wird das Curcumapulver in erster Linie zum Körperschmuck verwandt, doch Kubary hält nicht Putzsucht für das leitende Motiv bei Benutzung des Pulvers, sondern die außerordentlich wohltätige Wirkung auf das Wohlbefinden der nackten Insulaner. Denn „außer der stimulierenden Wirkung auf den oder vermittels des Geruchsinnes durch seinen stark aromatischen Duft, ist das Pulver ein linderndes Mittel gegen Jucken der Haut, erweckt deshalb ein Gefühl des Behagens und wird infolge dieser lindernden Eigenschaften auch bei verschiedenen Geschwüren und Lupuskrankheiten benutzt.“

Waffen und Geräte.

Von eigentümlichen Werkzeugen und Waffen hat sich heutzutage wenig erhalten. Schon vor der Berührung mit Weißen waren europäische Werkzeuge und Handwaffen auf den Karolinen bekannt. Ausgedehnte Handelsfahrten brachten die Insulaner auch zu den Marianen und dort war es, wo sie für ihre einheimischen Erzeugnisse spanische Messer und andere Werkzeuge und Waffen erhielten. Später zur Zeit der Blüte des Walfischfanges erhielten sie, besonders die Bewohner der hohen Insel Ponapé und Kusaie, Hacken, Messer und alte Musketen als Tauschmittel für Yams und Schildpatt. Zu jener Zeit sollen auf Ponapé nicht weniger als 1500 Musketen vorhanden gewesen sein, daß jeder Eingeborene mindestens eine, manche Häuptlinge sogar drei mit reichlicher Munition besaßen. Auf Yap befand sich im Jahre 1880 sogar eine Mitrailleuse im Besitz des Häuptlings, die dieser um den Preis von 300 Dollar von einem deutschen Händler erworben hatte. — Ein gutes hatte die Übermittlung europäischer Feuerwaffen im Gefolge, die fortwährenden Unruhen der einzelnen Stämme untereinander unblutiger zu gestalten. Die mörderische

Wirkung der Geschosse hatte den Insulanern bedeutenden Respekt eingeflößt.

Die wichtigste der einheimischen Waffen ist die Schleuder und fast überall verbreitet. Es ist eine Flechtarbeit aus Kokos- und Hibiscusfasern, die, auch als Kopfputz verwandt, heute noch auf den Zentralkarolinen (Ruk, Mortlock) angefertigt wird und die eigentliche Nationalwaffe dieses Gebietes bildet. Auch Speere waren auf der ganzen Inselgruppe bekannt. Auf den Zentralkarolinen unterscheidet man zwei Hauptarten: die eine dient zum Werfen in die Ferne und geht dabei verloren. Diese Speere, deren Spitze aus hartem Kokosholz besteht, sind deswegen aus wertlosem, leichten Hibiscusholz angefertigt. Die zweite Art ist für sicheres Treffen bestimmt, daher aus soliderem Material verfertigt und mit prächtigen Schnitzereien verziert. Die Gefährlichkeit dieser Waffe besteht in den an der Spitze derselben befestigten Rochenstacheln oder Menschenknochensplittern. Auch scheint in den Zentralkarolinen eine Art Wurfstock bestanden zu haben, mit dem die aus leichtem Hibiscusholz gearbeiteten Wurfspeere geschleudert wurden. Die Existenz dieses Wurfstockes ergibt sich aus Kubarys Worten: „Diese Speere, die im Ganzen genommen durch Fremde leicht mit Pfeilen wegen der Kürze und der bedeutenden Wurfweite verwechselt werden können, entsprechen dem pelauischen Uloyok Speer und werden nur im Notfalle mit der Hand, regelrecht aber mittels des „Katkonol" Wurfstockes geworfen." Auf Yap sind die Schwanzstacheln gewisser Rochenarten nur leicht am Ende des Speeres angebunden, mit der freundlichen Absicht, daß sie sich im Körper des Getroffenen ablösen und tiefer in die Muskeln eindringen.

Von Schlagwaffen ist als Nationalwaffe und beliebteste Waffe der Mortlocker der Gurgur zu erwähnen, ein ungefähr 2 m langer und 3 cm dicker Stab aus Orangenholz. Nicht allein Kriegswaffe, dient er auch im Privatleben zum Ausgleich von Streitigkeiten; oft ist er auch die unschuldige Stütze von alten Leuten. Seine Handhabung gleicht unserm Bajonnettfechten, in dem die Gegner, die Waffe mit beiden Händen gefaßt, die gegenseitigen Schläge und Stöße zu parieren suchen. Auf Ruk tritt der Gurgur indes weniger als Waffe hervor. Seine ursprüngliche Bedeutung wird die eines Tanzstockes gewesen sein, woraus dann später ein Stützstock für den alltäglichen Gebrauch entstand.

Auch Keulen, zu deren Anfertigung das harte Holz der Rhicophoraarten benutzt wurde, waren auf den Zentralkarolinen sehr häufig. Eine den Mortlockinsulanern eigentümliche, nur im Einzelkampfe zu benutzende Waffe war eine Art Schlagreifen, eine 27 cm lange an beiden Enden kegelförmig abgerundete Handwaffe, derer mittlerer Teil dünn abgesetzt und mit einer Handhabe aus Kokosfaserschnur versehen war. Die an einem der beiden Enden befestigten Rochenstacheln machten diesen Schlagring zu einer der gefährlichsten Stichwaffen.

Alle diese einheimischen Waffen sind nahezu oder zum Teil vom Eisen verdrängt worden. Schon lange spielen in den Fehden der Eingeborenen Feuerwaffen und Messer eine große Rolle. Auf Ponapé und Kusaie fand Finsch im Jahre 1880 keine Waffen mehr vor und heute werden auch die der Zentralkarolinen der Vergangenheit angehören und nur die Museen, denen sie ein wertvoller Schmuck sind, von ihrem einstigen Bestehen Zeugnis ablegen.

Die zur Bearbeitung des Holzes notwendigen Werkzeuge waren trotz des wenigstens auf den hohen Inseln vorhandenen Reichtums an vorzüglichem Steinmaterial (Basalt) nicht aus Stein, sondern wie zumeist in ganz Mikronesien aus Muscheln verfertigt, vornehmlich aus dem Schloßteile der Tridacna gigantea. Doch wurden zu den flacheren Klingen auch die Schalenteile benutzt. In Gestalt und Größe zeigen diese Muschelklingen alle möglichen Übergänge. Auf Kusaie betrugen die Dimensionen einer der größten dort vorgefundeneu Muscheläxte: Länge 50 cm, Breite 11 cm, Dicke ca. 6 cm. Das Gewicht betrug $4^{1}/_{2}$ kg. Andere wieder variierten in der Länge 6—22 cm, in der Breite von 45—85 cm und in der Dicke von 15—35 mm. Als Handgriff diente in der Regel ein knieförmig gebogenes Aststück, an dem die Klinge mit Bindfaden aus Kokosfasern kunstvoll festgebunden ist. „Ein solches Beil, schreibt Kittlitz, hat eigentlich die Form einer Hacke; es war damals ein Werkzeug von höchster Wichtigkeit für die Bewohner der Insel (Kusaie), da, wie es scheint, sowohl die Häuser, als auch die Fahrzeuge fast nur mit seiner Hilfe zustande kommen.“ Als Feile wurde die reticulierte Außenseite einer Muschelschale (Tellina scobinata L.) benutzt, während die Stelle des Messers eine scharf geschliffene Austernschale vertrat. „Dieses Instrument wird, wenn jemand damit ausgeht, ganz leicht am Gürtel, oft aber auch, um es nicht zu verlieren, an der Unterlippe getragen, die es dann, die konvexe Seite nach außen gekehrt, ganz bedeckt. Bei der weißlichen Farbe der Muschel sieht die Bepflasterung des Mundes durch dieselbe sonderbar genug aus.“ Auf Ponapé waren noch vor 50 Jahren Muscheläxte im Gebrauch. Wie aus den Resten der Funde in den prähistorischen Bauten auf Nan Tauacz zu erkennen ist, zeigten diese Tridacnaklingen keine Unterschiede von denen Kusaies. Die Dimensionen einer wohl erhaltenen Klinge aus den Ruinen waren ungefähr die gleichen, wie die der größten auf Kusaie. Sie hatte eine Länge von 46 cm, war 11 cm breit und 7 cm dick.

In den Zentralkarolinen waren infolge des lebhaften Tauschverkehrs, der die Eingeborenen dieses Gebietes auf ihren kühnen Seefahrten bis nach Guam führte, schon vor der Berührung mit den Weißen, die einheimischen Werkzeuge zum größten Teile außer Gebrauch. Im großen und ganzen waren bis auf kleine Unterschiede in der Befestigung der Klinge an dem Handstück auch die Muschelbeile dieses Gebietes die gleichen wie auf Kusaie und Ponapé. Natürlich ergaben sich je nach dam vorhandenen Material Abweichungen in der Größe und Form der Beilklingen. Die Dimensionen einer größeren Klinge betrugen: Länge 33 cm, Dicke 4 cm, während eine andere nur eine Länge von 12 cm, eine Breite von 55 mm und eine Dicke von 30 mm aufzuweisen hatte. Auf Mortlock und Nukuor wurden neben Tridacnaklingen auch Hohläxte aus Terebra maculata geschliffen, die von den Eingeborenen mit Vorliebe zum Aushöhlen von Kanoes und Holzgefäßen verwandt wurden.

Als Werkzeug zum Landbau bediente man sich auf Ruk einer halbrunden, ungefähr 2 m langen Stange aus Kokosholz, die an einem Ende zugespitzt, am andern löffelartig abgeplattet ist und wie ein Stichspaten zum Löchermachen beim Pflanzen oder zum Ausheben der Tarowurzeln gebraucht wurde. Den

Mortlockinseln eigentümlich und neben dem eben erwähnten Instrument auch zum Ackerbau verwandt, war eine axtförmige Hacke, die sogenannte Tarohacke. Sie besteht aus einem 32 bis 37 cm langen Holzstiel, an dem mittels Kokosnußfaser eine aus dem Rückenpanzer der Schildkröte gefertigte Klinge befestigt ist. Die Dimensionen der Klinge variieren in der Länge zwischen 16—42 cm und in der Breite zwischen 7—16 cm. Auch auf Yap kamen Axtklingen aus Tridacna, sowohl in flacher als auch in vierkantiger Form vor. Wie auf den übrigen Karolinen an einem knieförmigen Holzstiel befestigt, weisen diese Muschelbeile allein in der Befestigung mit Kokosschnur geringe Unterschiede auf. Zum Landbau findet hier das gleiche Instrument wie auf Ruk, ein schwerer, an einem Ende zugespitzter Kokosstab Verwendung.

Handel auf den Karolinen.

Die Bewohner der Karolinen, besonders die der Flachatolle sind ein Handelsvolk, das im Großen Ozean seines gleichen sucht. Auf ihren zerbrechlichen Kanoes unternahmen sie vor der Berührung mit den Weißen Reisen zu den umliegenden Inseln, deren Ausführung unser Staunen erregen muß. So unterhielten die Bewohner von Yap einen lebhaften Tauschhandel mit der Uliegruppe und Mogmog (300 Seemeilen), ja selbst bis zu den Marianen dehnten sie ihre kühnen Fahrten aus, um die Erzeugnisse ihrer Kleinindustrie, deren Ausübung jetzt der fernen Vergangenheit angehört, wie Perlschalen, Schildpatt, Matten, Gürtel, Kämme, kleine Körbchen, Hüte und Taschen zu veräußern. Außer diesen Erzeugnissen des Gewerbefleißes, die bei den Karolinen als Tauschmittel gelten, finden wir auf Yap bereits das Geld in Anwendung. Die gewöhnlichste und häufigste Einheit des kursierenden Geldes sind große Stücke weißlich-gelben körnigen Sandsteins, in der Form von Mühlensteinen mit einem Durchmesser, der zwischen $^{1}/_{3}$ und 2 m variirt. Der Geldeswert dieser Steinklumpen wird bestimmt nach der Größe und der Verarbeitung. Das Material zu diesem Steingelde findet sich auf den Palaos und alljährlich unternehmen 40—50 Eingeborene auf

5—6 Kanoes verteilt die 200 Meilen betragende Seereise dorthin, um in den Steinbrüchen Abba Thules, des Königs der Palaos, dessen Erlaubnis vorerst durch reichliche Geschenke erwirkt wird, mehrere Monate lang Steine zu brechen und entsprechend zu verarbeiten. Erst nach vollzogenem Monsunwechsel treten sie die Rückreise an. Die größeren Exemplare dieses Geldes verbleiben gewöhnlich im Besitze der Gemeinde, da es höchst selten gelingt ein mehrere Tonnen wiegendes Stück auf schwankem Kanoe über das Meer zu bringen; als Trophäen werden sie vor den Häuptlingssitzen und den öffentlichen Gebäuden ausgestellt. Überhaupt dient es mehr zur Schaustellung und Ausschmückung als zum Gebrauch. Infolge der Unhandlichkeit dieser Tauscheinheit bestehen im täglichen Verkehr noch verschiedene andere Geldsorten, wie die auf Schnüren gezogenen Perlmuscheln, die infolge der großen Nachfrage von europäischen Händlern aus Singapor bezogen, mit 10—15 fachem Nutzen verwertet werden. Außerdem erwähnt Miklucho-Maclay noch eine weitere Geldsorte, die in abgedrehten Muscheln besteht, deren Wert nach ihrer Seltenheit und der Entfernung ihres Fundortes bestimmt wird. Auf Schnüren gezogen, steht es der alleinigen Benutzung der Häuptlinge zu. —

Auch von den Zentralkarolinen wurde ein ständiger Handelsverkehr mit den Ladronen unterhalten, um hier gegen einheimische Erzeugnisse europäisches Eisengerät, Tücher etc. einzutauschen. Der Ausgangspunkt der Fahrten, die gegen Ende des Ostmonsuns ihren Anfang nahmen, war gewöhnlich die Uliegruppe. Die Rückkehr erfolgte mit Beginn des Westmonsuns. Diese Handelsreisen haben in neuerer Zeit, seitdem europäische Schiffe ständig zwischen den Inseln verkehren und die Eingeborenen mit den Erzeugnissen der Zivilisation versorgen, ihr natürliches Ende gefunden. Wenn wir bedenken, mit welch geringen nautischen Hilfsmitteln[1]) die Insulaner die für die Gebrechlichkeit ihrer Kanoes ungeheuer weiten Strecken auf hoher See zurücklegten, müßen wir ihrer Geschicklichkeit, vor allem aber dem unerschrockenen Mute dieser Männer die größte Bewunderung zollen.

---

[1]) Neben geringer Kenntnis der in ihren Gewässern herrschenden Windrichtungen und einiger Sternbilder, kannte man auf den Zentralkarolinen auch eine Windrose.

Den ersten Anstoß zu einer veränderten Gestaltung des Tauschverkehrs gaben die häufigen Besuche der Walfischfänger in den 50 Jahren vorigen Jahrhunderts, wo sie oft zu fünfzig und mehr während der Zeit des Nordostmonsuns (November bis April) die Häfen von Kusaie und vor allem den Roankiti Hafen der Insel Ponapé bevölkerten. Durch sie wurde der erste Verkehr mit den Fremden eröffnet und die Handels- und Tauschreisen der Insulaner teilweise ihres Zweckes enthoben. Die Eingeborenen empfingen für die den Walfischfängern gelieferten Nahrungsmittel, die zumeist aus Taro und Schweinen bestanden, als Bezahlung Feuerwaffen, Tabak und leider auch Feuerwasser, ein Tauschverkehr, der von desertierten Matrosen, die sich auf der Insel niedergelassen hatten und die, zumeist sehr bedenkliche Elemente, wohl kaum als wahre Träger der Zivilisation berufen waren und durch ihre zweifelhaften Charaktereigenschaften den Insulanern wenig vorbildlich sein konnten, betrieben wurde.[1])

Ein eigenartiger Handelsartikel war es, der die Europäer veranlaßte, zu dieser Zeit die Gewässer des Großen Ozeans aufzusuchen, nämlich der Trepang. Der Trepang (Beche de mer, sea slug), auf den Korallenbänken der Molukken, Philippinen und Karolinen lebend, ist ein hervorragend wichtiger Exportartikel für den chinesischen Markt. Er gilt bei den Bewohnern des himmlischen Reiches als begehrter Leckerbissen, für den die höchsten Preise gezahlt werden.[2])

---

[1]) Über die zu damaliger Zeit herrschenden Wertbegriffe geben folgende Einzelheiten Aufklärung:

12	Stück Hühner	=	24	Stück Kautaback	oder 4 Ellen Calico.
100	„ Yamswurzeln	=	10	„	„
100	„ Brotfrucht	=	10	„	„
100	„ Kokosnuß	=	10	„	„
1	Fruchtstock Bananen	=	2	„	„

[2]) Die Trepangfischerei wird von den Eingeborenen besorgt, die erfahrene und geschickte Taucher sind. Die erbeuteten Tiere werden einige Zeit in heißem Wasser gebrüht und dann nach Entfernung der Eingeweide und der äußeren Kalkschale, in einem weiteren Kessel auf der glimmenden Rinde einer Mimosenart geräuchert und sind so zum Export fertiggestellt. Einer der bekanntesten Trepangfischer, dem wir auch eine Reihe schätzenswerter Mitteilungen über die Karolinengruppe verdanken, ist Kapt. Cheyne, der bei Ausübung seines Berufes auf den Palaos seinen Tod fand.

Erst in den 70 Jahren vorigen Jahrhunderts ließen sich zum ersten Male die deutschen Farben in den Gewässern der Südsee blicken. Es waren Fahrzeuge des Hamburger Großkaufhauses Johann Caesar Godeffroy, dem der Ruhm gebührt, dem deutschen Handel diese Inselgruppe zugeführt zu haben. Im Jahre 1869 erfolgte die Gründung der ersten Handelsstation auf Yap, der sich in Kürze mehrere andere anschlossen, wie auf Ponapé und Kusaie. Zu gleicher Zeit arbeitete auf der Inselgruppe eine ebenfalls aus Hambung stammende Konkurenzfirma Hernsheim & Co., die auf den nämlichen Inseln Handelsstationen anlegte, außerdem auch auf der Uliegruppe. Beide Firmen betrieben als Hauptexportartikel den Koprahandel. Nur dem einmütigen Zusammengehen der genannten Firmen, der „Deutschen Handels- und Plantagengesellschaft der Südsee" (Nachfolger von Godeffroy) und Hernsheim & Co., die zur Jaluitgesellschaft zusammentraten, ist es zu danken, wenn sich der Handel auf den Karolinen zum weitaus größten Teile (80 %) in deutschen Händen befindet und den Verhältnissen entsprechend in gutem Aufschwunge begriffen ist. In die übrigen 20 % des Handels teilen sich eine amerikanische Firma aus St. Francisco, die von Kusaie aus die östlichen Atolle bearbeitet und eine japanische, die allein 30 Händler auf Ruk beschäftigt, aber ohne nennenswerte Bedeutung ist. Auch eine spanische Firma hatte sich auf Yap niedergelassen. Die Geschäfte derselben sind indes seit Einstellung der spanischen Dampferverbindung zwischen Manila und den Karolinen so gut als erloschen zu betrachten. Über die Verteilung der gesamten auf der Inselgruppe eingerichteten Handelsstationen gibt Langhans nebenstehende Übersicht.

Der Güteraustausch auf den Karolinen ist bisher noch gering, wird aber voraussichtlich unter dem deutschen Regime einen bedeutenderen Aufschwung nehmen, als es zur Spanierzeit möglich war. Die Roherzeugung der Karolinen beschränkt sich vorerst auf ungefähr 1500 t. Kopra.[1]) Die Tonne Kopra repräsentiert

[1]) Die Herstellung der Kopra ist eine ungemein einfache: auf einem senkrecht in der Erde befestigten, scharfen Eisen wird durch einen Schlag die Faserhülle der Nuß entfernt, darauf die Nuß selbst zerschlagen und das Fleisch herausgeschält. Auf Matten in der Sonne zum

einen Wert von 500 Mark, während die Tonne Trepang auf dem chinesischen Markte ein solchen von 100 Mark darstellt. Außer Kopra und Trepang gelangen in kleineren Mengen zur Ausfuhr Elfenbeinnüsse (der Kern von Phytelephas macrocarpa), Perlschalen und Schildpatt.

Den größten Nutzen aus dem Besitzwechsel zieht unleugbar die Jaluitgesellschaft. Schon plant sie bedeutende Erweiterungen ihres Unternehmens und gedenkt einen regelmäßigen Dampferverkehr zwischen den commerciell wichtigsten Inseln der Gruppe einzurichten. Sie soll nach Falnit, Kusaie, Ponapé, eventuell die Marianen und Yap berühren. Besonderes Augenmerk will die Gesellschaft auf den Kokosplantagenbau richten, der unzweifelhaft mit die Zukunft der Inselgruppe bedeutet.

Verteilung der Handelsstationen.

Inseln und Gruppen	Deutsche Jaluit-Ges.	Amerik.	Spanisch.	Japan.
Kusaie	1	1	—	—
Ponapé und Nebeninseln	4	—	—	1
Mortlock	2	—	—	—
Ruk-Atoll	6	—	—	4
Lamotrek	2	—	—	—
Wolea	2	—	—	—
Yap	8	—	2	—
Pingelap, Mukil, Ngatik, Nukuor, Namoluk, Lósop, Namonuito, Enderby, Suk, Satawal, Faraulep, Isalik, Sorol, je 1	13			
	38	1	2	5

Mission auf den Karolinen.

Kaum war zu Beginn des 17. Jahrhunderts die Kunde von der Existenz eines großen Inselreiches im Süden der Marianen zu Ohren der Spanier gekommen, als auch schon die Mission mit

Trocknen ausgebreitet, ist es in kurzer Zeit zum Export fertig. Geübte Arbeiter vermögen in der Minute 20—25 Nüsse zu öffnen.

allen Kräften ihre Tätigkeit zu entfalten begann. Doch blieben ihre Bestrebungen, die Insulaner dem Christentum zuzuführen, ohne Erfolg und führten nur zu blutigen Händeln, in denen die spanischen Missionare ihren Tod fanden. Neu begonnen wurde das Missionswerk erst um die Mitte des vorigen Jahrhunderts von einer amerikanisch-protestantischen Missionsgesellschaft (American Board of Commissioners for foreign Mission) zu Honolulu, die im Jahre 1852 auf Kusaie und Ponapé die ersten Missionsstationen errichtete. Auf Kusaie hatten die Bemühungen der Missionare zuerst nur unbedeutenden Erfolg, trotzdem ihnen das Bekehrungswerk durch die Kenntnis der englischen Sprache seitens der Eingeborenen erleichtert wurde. Während einer angestrengten Tätigkeit von 10 vollen Jahren traten nur 33 Insulaner zum Protestantismus über. Eine kärgliche Zahl, die aber in vier weiteren Jahren auf das sechsfache stieg und im Jahre 1880 ungefähr die gesamte Inselbevölkerung umfaßte.

Mit weit größerem Erfolge waren die Bekehrungsversuche auf Ponapé gekrönt. Gleich zu Anfang traten ganze Stämme zum Christentum über, so daß schon im Jahre 1866 die gesamte Bevölkerung Anhänger der neuen Lehre waren. Doch nur zu bald zeigten sich die Folgen allzu strengen und rücksichtslosen Vorgehens gegen überlieferte Sitten und Gebräuche; von 3000 Bewohnern waren im Jahre 1880 nur 250 Kirchenbesucher. Die strengen Temperenzgesetze der orthodoxen protestantischen Kirche, die nur rigoroses Vorgehen gegen alles, was nicht mit Beten und Hymnensingen zusammenfällt, kennt, tragen nicht dazu bei, das Vertrauen der Insulaner zu gewinnen und Mut zu frischer, fröhlicher Arbeit zu wecken, was gerade hier so not täte.

Den Todesstoß bekam die 35jährige, mühevolle, immerhin nicht wirkungslose Arbeit der Glaubensmänner auf Ponapé, als auf den Schiedsspruch Sr. Heiligkeit hin, die Spanier von den Karolinen Besitz ergriffen hatten und im März 1887 zugleich mit einer militärischen Besatzung sechs Kapuzinerpatres auf der Insel ihren Einzug hielten. Die amerikanische Missionsstation Kenan wurde ohne weiteres als bequemes Werkzeug zur Gründung einer spanischen Kolonie annektiert. Ohne Schonung von Menschen und Eigentum führten die Spanier ein Gewaltregiment auf der Insel, das selbst die friedfertige Bevölkerung schon drei Monate nach der Besitzergreifung in ihrer Verzweiflung die Spanier überfallen und eine Reihe von ihnen, unter diesen auch den Gouverneur, hinmetzeln ließ. Doch nur für kurze Zeit konnte durch friedliche Unterhandlungen die sich einmal in Gärung befindliche Volkswut eingedämmt werden. Schon nach zweijähriger scheinbarer Ruhe brach offene Empörung aus, ein Freiheitskampf gegen das spanische Sklaven- und Steuersystem. Es kam zu blutigen Zusammenstößen, bei denen natürlich die Zahl der Opfer auf seiten der schlechter bewaffneten braunen Freiheitskämpfer bei weitem größer war als auf seiten der spanischen Soldaten; allein in einem Gefechte sollen mehr als dreihundert von ihnen die Wahlstatt gedeckt haben.

In der völligen Vernichtung der amerikanischen Missionsstationen seitens der Spanier wurde dann der Ruchlosigkeit die Krone aufgesetzt. Der Tätigkeit der protestantischen Missionare wurde mit der nun folgenden Verbannung seitens der spanischen Regierung ein grausames Ende bereitet. Die unausbleibliche Folge war die Rückkehr der Eingeborenen zu ihren heidnischen Sitten und Gebräuchen, soweit sie nicht von der Gegenmission gewonnen wurden. Erst im Jahre 1896 wurde der amerikanischen Mission, die während dessen nach Kusaie übergesiedelt war, der Besuch, nicht aber die dauernde Niederlassung auf Ponapé freigegeben.

Kusaie und Ponapé waren die Brennpunkte, von denen aus sich das Christentum über die Zentralkarolinen verbreitete. In den Jahren 1873 und 1874 wurden von Ponapé aus auf den Mortlock, zunächst auf Satoan die ersten Bekehrungsversuche unternommen, die wie gewöhnlich im Anfange von gutem Erfolge begleitet waren, so daß schon nach einem Jahre die Inselgruppe sieben Stationen mit 150 Christen aufweisen konnte. Doch wie auf Ponapé zeigten sich auch hier bald die Folgen allzu großer Strenge und Rücksichtslosigkeit in der Durchführung der scharfen Temperenzgesetze: eine große Menge der Bekehrten, besonders Satoan Insulaner kehrten zum Heidentum zurück.

Auf der Rukgruppe begann die Mission erst im Jahre 1879; ihr Bekehrungswerk ging ebenfalls von Ponapé aus mit der Errichtung von Stationen auf den Atollen Néma und Lósop und auf der hohen Insel Uma. In verhältnismäßig kurzer Zeit wuchs die Zahl der Stationen bedeutend, so daß im Jahre 1884 schon 10 Kirchen mit 500 eingesessenen Mitgliedern vorhanden waren. Dieser schöne Erfolg hat allerdings nur kurze Zeit gewährt, denn auch bei den Rukinsulanern hatten die ureigentümlichen Gebräuche tiefere Wurzeln geschlagen als Beten und Hymnensingen, und so war es erklärlich, wenn auch hier die Zahl der Abtrünnigen keine geringe war. Die Missionsstatistik vom Jahre 1886 berichtet über die Erfolge in den Zentralkarolinen von 15 Kirchen mit ungefähr 1000 Mitgliedern, 13 Schulen mit cirka 1000 Schülern. Wenn demgegenüber der Bericht vom Jahre 1892 gleichfalls nur 1000 Kirchenmitglieder und ungefähr 1150 Schüler aufführt, so scheint der Erfolg für eine Tätigkeit von 5 Jahren recht zweifelhafter Natur zu sein. Eine interessante, zugleich lehrreiche Übersicht über die Mission gewährt uns Langhans in folgender Tabelle:

Das Christentum auf den Karolinen.

Inseln und Missionsstationen	Christen	In % der Bevölkerung	Kirchen-mitglieder	Schüler
Kusaie	400	100	100	81
Pingelap	800	100	200	120
Mukil	90	100	36	30
Ngatik	150	100	77	50
Ponapé	1800	60	869	540
Mortlock	2488	76	694	275
Namoluk	150	100	40	—
Lósop	209	40	58	90
Nema	252	100	70	60
Ruk	1000	9	259	500
	7500	21%	2500	1750

Ein wie erfreuliches Bild die angeführten Zahlen im ganzen von der eifrigen Tätigkeit des Missionspersonales gewähren, darf doch eine augenfällige Erscheinung, die vielleicht zu Bedenken Veranlassung gibt, nicht unerwähnt bleiben. Von einer verhältnismäßig großen Zahl sind auf den meisten Inseln ein verschwindend geringer Bruchteil ständige Kirchenmitglieder. Es scheint demnach über die äußerlichen Formen des Christentumes nicht weit hinausgekommen zu sein, woran die Mission zweifelsohne die Hauptschuld trägt. Der nachsichtslose Vernichtungskrieg selbst gegen harmlose Heidengebräuche wie Tanz und Gesang der alten Lieder, vollends die rigorose Durchführung der Temperenzgesetze, werden zum wenigsten dazu beigetragen haben die Lebensfreudigkeit der Eingeborenen zu heben. Nur mit einer gewissen Scheu wagen sie daher von vergangenen Zeiten zu reden, auf die sie wie auf eine Reihe fortlaufender Sünden zurückblicken und mit großem Widerstreben summen sie eins ihrer verschollenen Lieblingslieder, ohne jedoch bewogen werden zu können, den Inhalt bekannt zu geben, nur die wenigen Worte stammelnd:

„You see before very good, now missionary — now very bad“.

Daß im Ganzen die wirklichen Erfolge der Mission so kärgliche sind, ist zweifellos in der Auffassung ihrer freilich nicht gerade dornenlosen Aufgabe bedingt. Bisher verfolgte die christliche Mission unter Heiden einen reinen religiös-ethischen Zweck, dem sich jedoch unter den heutigen Verhältnissen eine neue wichtige Aufgabe hinzugesellt hat: die farbige Bevölkerung in eine deutsche christlich-soziale Gemeinde zu wandeln, die ihre Weihe durch die Arbeit empfängt. Denn nur auf der Grundlage der Arbeit ist eine haltbare Überführung der Naturvölker zu unserer Gesittung möglich. Die Hauptaufgabe ist heute die, die Insulaner gründlich im Gebrauch der Geräte für die Landwirtschaft und Werkstatt zu unterweisen, ehe sie gänzlich der Trägheit und Stumpfheit verfallen. Diese Bevölkerung wird dadurch ein nützliches Glied der deutschen Nation.

Kolonialer Nutzwert.

Mit dem Kaufe des Karolinenarchipels ist Deutschland eine verantwortungsreiche Aufgabe zugefallen. Es hat das Vertrauen der Eingeborenen zu gewinnen, das gewöhnlich auf niedriger Kulturstufe stehende Volksstämme dem Europäer von selbst ent gegenbringen, das aber vollkommen schwindet, sobald sie bitter enttäuscht sind. Letzteres ist unsern Karolineninsulanern während der langjährigen spanischen Gewaltherrschaft zur Genüge wiederfahren. Nur Gerechtigkeit und Milde kann die der malayschen Völkergruppe eigenartige plötzliche Kampfeslust, sich einer aufgezwungenen Herrschaft zu entledigen, von der die Befreiungskämpfe gegen die Spanier ein nur zu deutliches Beispiel liefern, verstummen machen. —

Und nun zur Hauptfrage. Hat Deutschland mit der Erwerbung des Inselreiches einen vorteilhaften Handel abgeschlossen oder nicht?

Zur Beantwortung möchte ich eine Äußerung des Reisenden Finsch herbeiziehen, die wohl nicht zur Ermunterung beiträgt und das neue Kolonialeigentum in einem recht zweifelhaften Lichte erscheinen läßt. Die Worte bilden einen Kommentar zu dem im Jahre 1885 von S. Heiligkeit gefällten Schiedsspruche und besagen, daß die endgültige Entscheidung für Deutschland keinen Schaden und für Spanien keinen Nutzen bedeute, indem letztere Macht „zu ihren ohnehin wenig lukrativen Besitzungen wohl die aussichtsloseste hinzufügen konnte. Handelt es sich doch um ein Inselreich, das nur höchst unbedeutend zu exportieren vermag und dessen beste Inseln 1800 Seemeilen weit von einander entfernt liegen.“ Nicht abzuleugnen ist die Tatsache, daß in den ersten Jahren der Verwaltung der aus der Kolonie erzielte Gewinn mit den Ausgaben nicht gleichen Schritt halten wird und kann und vielleicht erfordert es noch eine ganze Reihe von Jahren der Entwicklung, ehe ein zufriedenstellendes Resultat, eine Deckung von Einnahme und Ausgabe erzielt wird. Die bisherige Ertragsfähigkeit ist ja bekanntlich keine hervorragende, wird aber sicherlich unter geregelter und einsichtiger Verwaltung einer prächtigen Entfaltung entgegengehen. Vor allem wird es sich das Reich angelegen sein lassen, durch weitgehende Konzessionen dem deutschen Kapitale zur Anlage die Wege zu ebnen. Zweifellos ist die Kopragewinnung um ein bedeutendes zu steigern, wenn es der Verwaltung gelingt den ewigen Kriegen der Eingeborenen untereinander Einhalt zu tun. Und tatsächlich hat mit dem Einzuge der deutschen Herrschaft sogleich eine Zeit friedlicher Entwicklung und augenscheinlichen wirtschaftlichen Fortschrittes begonnen. Zu größeren Kulturen müßten allerdings vorläufig Arbeiter eingeführt werden, da sich von den Eingeborenen nur eine geringe Zahl und nur solche von Flachatollen dazu bereit finden werden, auf Europäerplantagen zu arbeiten. Allein durch die Umgestaltung ihrer Sitten, die sie vom Kriegspfade ablenkt, durch neue soziale Verhältnisse, welche den ärmeren Mann aus den Banden des reicheren löst und ihm die freie Bestimmung über seine Person, sein Tun und Lassen gibt, kann mit der Zeit ein Wandel geschaffen werden, der die Arbeiterfrage löst.

Was die Anlage größerer Plantagen angeht, so werden sich die Hochinseln ohne Schutzvorrichtungen nicht besonders dazu eignen, da die Abhänge ein zu steiles Gefälle haben. Hauptsächlich in der Viehzucht, in großem Maßstabe betrieben, wird neben Plantagenbau und Kopragewinnung die Zukunft Kusaies und auch Ponapé's liegen, während Yap bei fruchtbarem Boden und stets feuchtem Klima einen besonders geeigneten Ort für Kokosplantagen abgeben wird.

Aber auch vom politischen Standpunkte aus war es unbedingte Pflicht der deutschen Regierung, das Angebot der Spanier anzunehmen, sollte nicht Deutschlands Weltstellung im Pacific einen argen Rückenstoß bekommen. Die Einreihung der Karolinen, Marianen und Palaosinseln in den deutschen Südseebesitz, der bisher mit den Marschallinseln im Norden der Linie östlich vom 160 Längengrade und dem Schutzgebiete der Neu-Guinea-Kompagnie westlich von diesem und südlich vom Äquator ohne inneren Halt war, hat uns in der Südsee eine große in sich geschlossene Interessensphäre geschaffen, deren Teile sowohl, als ganz besonders ihre Einheit, als wirtschaftliches Ganze dem Vaterlande Marksteine auf dem Wege zu großer, weltpolitischer Entwicklung sein werden. Hat einerseits der Ankauf der Karolinen unsern Kolonialbesitz in der Südsee abgerundet, so ist uns auf der andern Seite durch die Neuerwerbung eine Seeprovinz zugefallen, die, auf dem Wege von San Franzisko über Honolulu nach Neu-Guinea, sowie an dem von Panama nach Indien gelegen, uns im stillen Ozean England, Spanien und Frankreich gegenüber als wichtige strategische Position eine Stellung von hoher Bedeutung verschafft. —

Literatur-Zusammenstellung.

1. de Andrade: Historia del conflicto de las Carolinas. Madrid 1886.
2. Bastian: Die mikronesischen Kolonien aus ethnologischen Gesichtspunkten. Berlin 1900.
3. Blumentritt: Die spanischen Ansprüche auf die Karolinen. Mtlgn. k. k. Geogr. Ges. Wien 1885.
4. Burney: History of the discoveries in the South Shea. Vol. V. London 1817.
5. v. Chamisso: Reise um die Welt in den Jahren 1815/18. 2 Bd. Elberfeld.
6. Cheyne: A Discription of islands in the Western Pacific Ocean, North and South of the Equator London 1852.
7. Christian: The Caroline Island. Scott Geogr. Mag. 1899.
8. Christian: Exploration in the Caroline Islands. Geogr. Journal. London 1899.
9. Christian: The Caroline Islands. London 1899.
10. Cabezo Pereiro: La Isla de Ponapé. Manila 1895.
11. Duperrey: Voyage autour du monde sur la Corvette de la Coquille 1822—25. Paris 1829.
12. Dumont d'Urville: Voyage de découvertes de l'Astrolabe 1826—29. Paris 1833—35.
13. Finsch: Ethnologische Erfahrungen und Belegstücke aus der Südsee. Annal. d. k. k. Naturhist. Hofmus. Wien 1893.
14. Finsch: Die Karolinen und Marianen Hamburg 1900.
15. Finsch: Die Bewohner von Ponapé. Zeitschr. f. Ethnol. Berlin 1880.
16. Freycinet: Voyage autour du monde. 1817—20, Paris 1823—44.
17. Friederichsen: Über die Ruinen von Nanmatal auf der Insel Ponapé. Jahrb. d. geogr. Ges. Hamburg 1875.
18. Friederichsen: Die Karolinen. Hamburg 1901.
19 Gerland: Die Mikronesier und die nordwestlichen Polynesier. Anthropologie der Naturvölker. V. Leipzig 1870.
20. Hernsheim: Südsee-Erinnerungen. Berlin 1885.
21. v. Kittlitz: Denkwürdigkeiten einer Reise nach dem russischen Amerika, nach Mikronesien und durch Kamschatka. 2. Bd. Gotha 1858.

22. Krusenstern: Recueil de Mémoires Hydrographiques pour servir d'Analyse et d'Explication à l'Atlas de l'Océan Pacifique St. Pétersbourg 1827.

23. Krusenstern: Supplémens au Receuil de Mémoires Hydrographiques, publié an 1826 et 1827 pour servir d'Analyse et d'Explication à l'Atlas de l'Océan Pacifique. St. Pétersbourg 1835.

24. Kubary: Die Karolineninsel Yap. Journ. d. Mus. God. Heft II (1873). Hamburg.

25. Kubary: Die Ruinen von Nanmatal auf der Insel Ponapé. Daselbst Heft IV (1873 – 74) Hamburg.

26. Kubary: Weitere Nachrichten von der Insel Ponapé. Daselbst Heft VIII (1875) Hamburg.

27. Kubary: Die Bewohner der Mortlockinseln. Mitteil. d. Geog. Ges. Hamburg 1878—79.

28. Kubary: Ethnographische Beiträge zur Kenntnis der karolinischen Inselgruppen und Nachbarschaft. Berlin 1885.

29. Kubary: Das Tätowiren in Mikronesien in Soest: Tätowiren. Berlin 1887.

30. Kubary: Ethnologische Beiträge zur Kenntnis des Karolinenarchipels. Heft I. Leiden 1889.

31. Katalog des Museums Godeffroy enthält Mitteilungen Kubarys über verschiedene Inseln des Archipels wie Mortlock, Nukuor, Ruk, Yap.

32. Kotzebue: Entdeckungen in der Südsee und nach der Beringstrasse. Weimar 1821.

33. Langhans: Karte der deutschen Verwaltungsbezirke der Karolinen, Palau und Marianen. Mit statistischen Begleitworten. Gotha 1899.

34. D. Louis de Ibañez y Garcia: Historia de las Islas Marianas, y de las Carolinas, y Palaos. Granada 1886.

35. Lütke: Voyage autour du monde. Paris 1835.

36. Maxwell: On the Caroline Archipelago. Proceed. R. Geogr. Soc. London 1822.

37. Muir: The Caroline Islands. Scott. Geog. Mag. 1885.

38. Meinicke: Die Inseln des stillen Oceans. 2 Bd. Leipzig 1888.

39. Miquel: Estudio sobre las Islas Carolinas. Manila 1895.

40. Montero y Vidal: El archipielago filipino y las islas Marianas, Carolinas etc. Madrid 1886.

41. Prager: Reisen durch die Inselwelt der Südsee. Kiel 1899.

42. Reclus: Géographie universelle. Bd. 14. Paris 1875—94.

43. Schultze: Psychologie der Naturvölker. Leipzig 1900.

44. Schumann und Lauterbach: Flora der deutschen Schutzgebiete in der Südsee. Berlin 1900.

45. Sievers: Australien und Oceanien. Leipzig und Wien 1895.

46. **Taylor**: Les îles Carolines. Paris 1890.

47. **Volkens**: Einige Ergebnisse einer Reise nach den Karolinen und und Marianen. Berlin 1901.

48. **Volkens**: Über die Karolineninsel Yap. Verhdlg. d. Ges. f. Erdk. Berlin 1901.

49. v. **Wüllerstorf-Urbair**: Reise der österr. Fregatte Novara um die Erde in den Jahren 1857, 1858, 1859. Beschreibender Teil Bd. II. Wien 1861.

50. Cartas de Indias. Publicadas por primera vez por el Ministerio de Fomento. Madrid 1877.

51. Histoire des Navigations aux Terres Australes; darin Supplément à l'histoire de la Polynésie. Paris 1756.

Ausserdem wurden benutzt kürzere Abhandlungen in den Zeitschriften:

Annalen der Hydrographie und maritimen Meteorologie. Berlin.
Deutsches Kolonialblatt. Berlin.
Deutsche Kolonialzeitung. Berlin.
Globus. Braunschweig.
Geographische Zeitschrift.
Petermanns Mitteilungen.

Zeitfracht Medien GmbH
Ferdinand-Jühlke-Straße 7
99095 Erfurt, Deutschland
produktsicherheit@kolibri360.de